2021

全国技术市场统计年报

2021 ANNUAL REPORT ON STATISTICS OF CHINA TECHNOLOGY MARKET

许 倞 贾敬敦 张卫星◎主 编
邢怀滨 李有平 赵树璠◎副主编

科学技术文献出版社
SCIENTIFIC AND TECHNICAL DOCUMENTATION PRESS
·北京·

图书在版编目（CIP）数据

2021全国技术市场统计年报 / 许倞，贾敬郭，张卫星主编. —北京：科学技术文献出版社，2021.10

ISBN 978-7-5189-8388-9

Ⅰ. ① 2…　Ⅱ. ①许…　②贾…　③张…　Ⅲ. ①技术市场—统计资料—中国—2021　Ⅳ. ① F723.84

中国版本图书馆 CIP 数据核字（2021）第 188548 号

内容简介

《2021 全国技术市场统计年报》针对 2020 年度全国技术合同签订及执行情况、科技计划项目成果进入市场情况、技术输出吸纳情况、技术合同服务的社会经济目标情况、知识产权情况、技术领域情况，根据技术合同数据进行了深入分析；总结了全国技术交易的特点和趋势，分析了京津冀、长江经济带、粤港澳大湾区、"一带一路"等地区技术交易支撑国家区域发展战略情况；对技术（产权）机构、技术卖方机构、技术买方机构和国家技术转移机构的构成，以及促成技术交易的情况进行了调查和分析；整理形成了年度技术市场大事记。

本书可作为科技管理人员、技术市场和技术转移从业人员的工具书，并为政策制定、体系建设、交易规范等提供重要的数据参考依据。

2021全国技术市场统计年报

策划编辑：丁芳宇　　责任编辑：李　晴　　责任校对：张永霞　　责任出版：张志平

出 版 者　科学技术文献出版社
地　　址　北京市复兴路15号　邮编　100038
编 务 部　(010) 58882938，58882087（传真）
发 行 部　(010) 58882868，58882870（传真）
邮 购 部　(010) 58882873
官方网址　www.stdp.com.cn
发 行 者　科学技术文献出版社发行　全国各地新华书店经销
印 刷 者　北京时尚印佳彩色印刷有限公司
版　　次　2021 年 10 月第 1 版　2021 年 10 月第 1 次印刷
开　　本　889 × 1194　1/16
字　　数　121千
印　　张　6.5
书　　号　ISBN 978-7-5189-8388-9
定　　价　68.00元

《2021 全国技术市场统计年报》
编委会

编写说明

《2021 全国技术市场统计年报》是根据科技部《全国技术市场统计调查方案》，经国家统计局国统制〔2018〕196 号文件批准，由科技部战略规划司委托科技部火炬高技术产业开发中心对 2020 年度全国技术合同签订及执行情况、科技计划项目成果转化情况、技术输出吸纳情况、技术合同服务的社会经济目标情况、知识产权情况、技术领域情况，以及技术（产权）交易机构、技术卖方机构、国家技术转移机构等进行统计调查而成。2020 年度全国技术市场统计工作涉及 31 个省（自治区、直辖市）和新疆生产建设兵团、5 个计划单列市、10 个副省级城市、425 家国家技术转移机构和 24 家主要技术（产权）交易机构。

目　录

第一部分 技术交易总体概述

2020 年，面对严峻复杂的国内外环境，特别是新冠肺炎疫情的严重冲击，我国统筹疫情防控和经济社会发展，国民经济总体运行平稳，创新型国家建设和世界科技强国建设稳步推进，技术市场在创新资源优化配置、高质量科技成果供给、高水平科技成果转化中继续发挥决定性作用，引导要素市场化配置体制机制创新，技术交易质效持续提升。据对全国登记的技术合同统计，2020 年全年共签订技术合同 549 353 项，成交额为 28 251.5 亿元，同比增长分别为 13.5% 和 26.1%。平均每项技术合同成交额从上年的 462.7 万元增长到 514.3 万元（图 1–1 和图 1–2）。

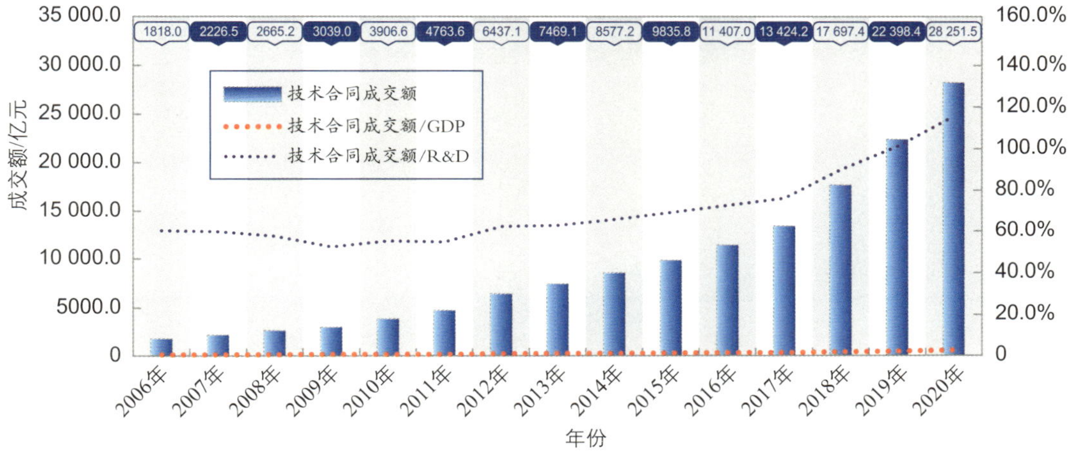

图 1–1 2006—2020 年全国技术合同成交额情况

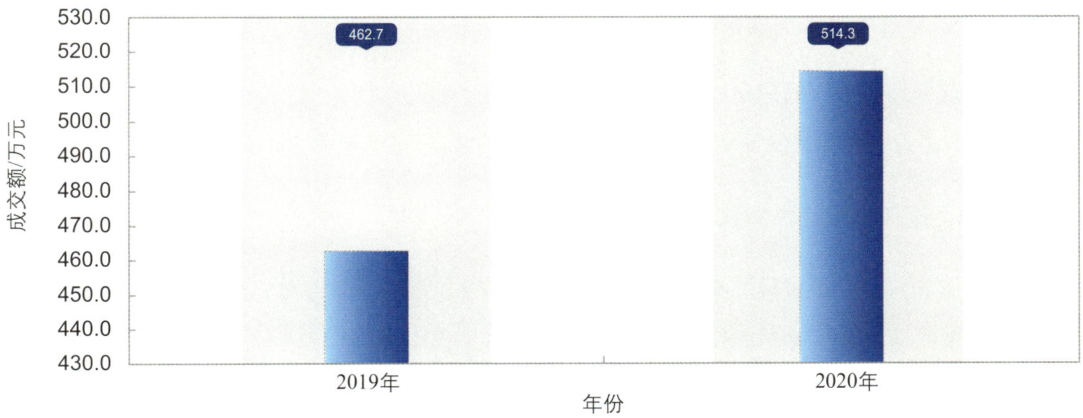

图 1–2 2019—2020 年平均每项技术合同成交额情况

一、基本情况

1. 技术合同成交额占当年 GDP 与 R&D 经费比重快速提升

全国技术合同成交额占国内生产总值的比重由 2019 年的 2.3% 上升至 2020 年的 2.8%；技术合同成交额自 2019 年首次超过同年 R&D 经费支出以来，2020 年迅速上升至 115.7%（表 1-1）。

表 1-1 2016—2020 年全国技术合同成交额与 GDP 和全社会 R&D 经费总值的比较

年份	2016 年	2017 年	2018 年	2019 年①	2020 年
国内生产总值 GDP/ 亿元	746 395.1	832 035.9	919 281.1	986 515.2	1 015 986.2
全社会 R&D 经费 / 亿元	15 676.8	17 606.1	19 677.9	22 143.6	24 426.0
技术合同成交额 / 亿元	11 407.0	13 424.2	17 697.4	22 398.4	28 251.5
技术合同成交额 /GDP（%）	1.5	1.6	1.9	2.3	2.8
技术合同成交额 /R&D（%）	72.8	76.2	89.9	101.2	115.7

2. 技术开发与技术服务占全国近九成

技术服务合同成交额为 15 875.2 亿元，同比增长 27.8%，占全国技术合同总成交额的 56.2%；技术开发合同成交额为 8874.1 亿元，同比增长 23.6%，占全国的 31.4%。

3. 电子信息领域技术交易保持领先

电子信息领域技术合同成交额为 6324.0 亿元，同比增长 12.2%，占全国技术合同总成交额的 22.4%。城市建设与社会发展领域技术合同成交额位列第二，成交额为 5503.3 亿元。

4. 生物、医药和医疗器械技术交易增幅最大

生物、医药和医疗器械领域技术合同成交额为 1769.0 亿元，同比增长 67.2%，增幅居各技术领域首位。现代交通领域技术合同成交额增幅为 56.7%，位于第二。

① 2019 年 GDP 和 R&D 指标已按国家统计局发布的 2019 年数据进行了调整。

5. 京粤苏位列三甲领跑全国

北京技术合同成交额稳居全国第 1 位，为 6316.2 亿元，占全国技术合同总成交额的 22.4%。广东技术合同成交额为 3465.9 亿元，同比增长 52.5%，占全国的 12.3%。江苏技术合同成交额为 2335.8 亿元，同比增长 39.4%，占全国的 8.3%。

6. 涉及知识产权技术交易持续稳定增长

涉及知识产权的技术合同共 185 993 项，成交额为 11 253.8 亿元，同比增长分别为 11.1% 和 21.2%。其中，专利技术合同 30 872 项，成交额为 3790.4 亿元，同比增长 22.8%。

二、交易特点

1. 技术市场逆势上扬，支撑复工复产和经济复苏

在疫情影响和经济下行的双重压力下，技术市场加速集聚各类主体和创新资源，为技术要素流通配置、转移转化和技术交易提供了重要平台，呈现出稳步增长的良好发展态势。主要表现在：各类市场主体复工复产表现优异，全国技术市场新增各类技术交易卖方主体 14 690 家，新增技术合同成交额 5853.1 亿元；疫情防控、疫苗研发技术快速发展，新增生物技术、化学药、中药、新型医疗器械等技术合同 4082 项，新增技术合同成交额 576.6 亿元，成交额同比增幅高达 70.6%；数字音视频技术支撑电子商务等新商业模式迅速崛起，技术合同成交额同比增长 243.9%。分季度看，1 ～ 4 季度技术合同成交额同比增速分别为 -6.4%、14.7%、32.3% 和 37.1%，表现出强劲的市场回暖势头和巨大的市场发展潜能，为疫情防控、复工复产和经济社会平稳发展提供了重要支撑。

2. 创新要素向企业集聚，企业技术创新能力显著增强

市场导向创新机制加速各类创新要素向企业集聚，企业开展研发活动和成果转化的内生动力持续增强，技术创新能力稳步提升，占据技术要素市场主体地位。从企业数量看，2020 年新增企业性质卖方主体 13 781 家，企业性质卖方主体总数达到 60 130 家，占各类卖方主体总数的 91.4%；新增企业性质买方主体 18 430 家，企业性质买方主体总数达到 175 600 家，占各类买方主体总数的 76.4%。从交易规模看，企业输出技术合同成交额为 25 828.8 亿元，占全国技术合同总成交额的 91.4%，同比增长 26.0%；吸纳技术合同成交额为 22 767.4 亿元，占全国的 80.6%，同比增长 30.8%。其中，企业与企业之间的技术合同为 297 293 项，同比增长 23.1%，内资企业为企业技术输出和吸纳成交额分别贡献了 87.3% 和 77.6%，外资企业技术输出和吸纳成交额占比仅为 12.3% 和 21.7%。数据证明，企业是技术要素市场化配置的绝对主力，技术创新能力显著增强。

3. 创新源头供给出现波动，高校成果转化规模低于预期

高校、科研机构继续为技术市场提供原创性技术供给，为科技创新和成果转化注入源头活水。2020 年，高校、科研机构共服务企业 81 315 家，签订技术合同 143 914 项，成交额为 1672.8 亿元，同比增长 18.3%，实现稳步增长。从合同类型看，通过技术开发和技术服务实现科研能力的转移转化仍是高校、科研机构成果转化最为突出的共性特征，技术开发和技术服务合同成交额分别为 811.4 亿元和 648.4 亿元，分别占高校、科研机构技术合同成交额的 48.5% 和 38.8%。从市场规模看，受疫情影响，高校技术合同项数和成交额出现负增长，共签订技术合同 90 823 项，成交额为 561.0 亿元，分别较上年下降 11.3% 和 5.4%，服务企业的数量也较上年减少 6115 家。科研机构表现较为突出，签订技术合同 53 091 项，成交额为 1111.8 亿元，同比增长 17.6% 和 35.5%；服务企业 30 372 家，较上年增加 4901 家。

4. “硬科技”创新趋势迅猛，引领产业发展新动能

技术市场瞄准国家重大战略部署和国际科技前沿，催生一批“硬科技”成果加速转化和应用，重点领域关键核心技术市场需求旺盛、流动性增强，对产业链、供应链安全自主可控的先导和保障作用初步显现。2020 年，化学和生物创新药技术合同成交额为 782.8 亿元，增速达到 107.1%。其中，预防性疫苗、治疗性疫苗等新型疫苗研发和生产取得重大突破，技术合同成交额是上年的 12.5 倍；基因工程药物研发进展显著，技术合同成交额是上年的 6.4 倍，表明我国新药创制、疫苗研发技术与发达国家的差距正逐步缩小。以电子信息、先进制造等为代表的高技术产业技术合同成交额增幅达 20.5%，占全国技术合同总成交额的 66.1%，“硬科技”为增加经济社会发展的科技含量和我国科技自立自强注入新动能。

5. 第一梯队地区齐头并进，助推国家区域战略深入实施

北京、广东、江苏、山东、上海、陕西、湖北、浙江、四川和天津技术合同成交额排名依次居全国前 10 位，构成我国技术交易第一梯队，地区结构、交易规模、增长趋势较上年均保持稳定，技术合同成交额总和占全国技术合同总成交额的比例高达 82.0%，国家区域战略实施成效显著。京津冀地区协同创新持续发展，技术合同成交额为 7987.7 亿元，占全国技术合同总成交额的 28.3%。河北后发优势明显，技术合同成交额增幅达 46.0%。长三角地区一体化不断推进，技术合同成交额为 6301.5 亿元，占全国技术合同总成交额的 22.3%。安徽增长势头迅猛，增幅达 48.5%，全国技术合同成交额排名较上年提升两位。粤港澳地区互利合作不断深化，广东输出到港澳的技术合同成交额为 52.9 亿元，同比增长 32.4%。

第二部分　技术合同构成

一、合同类别构成

技术开发、技术转让、技术咨询、技术服务合同成交额均有不同程度的增长。其中，技术服务增速最快，其次是技术开发，两者的成交额占全国技术合同总成交额的比例分别为 56.2% 和 31.4%（图 2–1）。

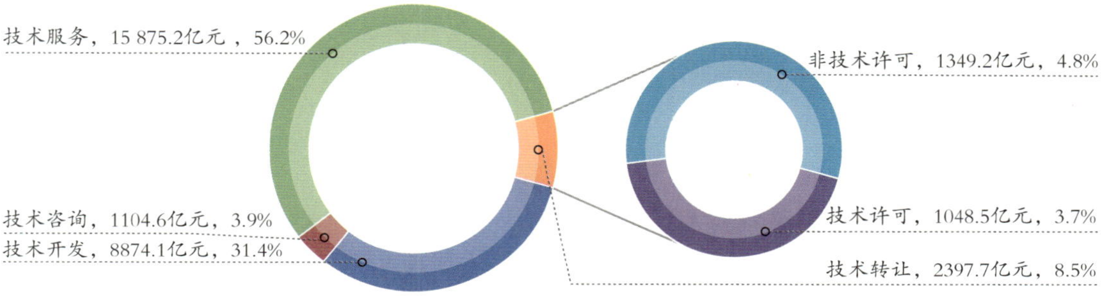

图 2–1　2020 年技术合同类别构成

1. 技术开发合同

技术开发合同在 4 类技术合同中的占比略低于上年。全年技术开发合同项数为 217 580 项，同比增加 19 475 项；成交额为 8874.1 亿元，同比增长 23.6%，占全国技术合同总成交额的 31.4%，略低于上年的 32.0%。其中，委托开发合同成交额占技术开发合同成交额的 82.8%，合作开发合同成交额占技术开发合同成交额的 17.2%（图 2–2）。

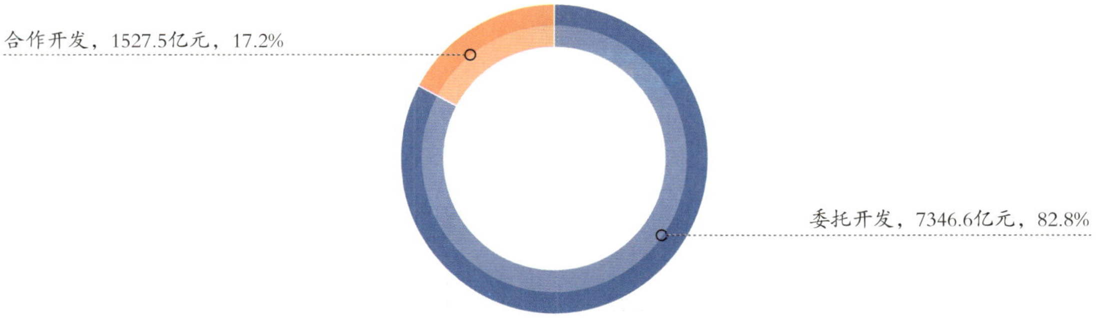

图 2–2　2020 年技术开发合同类别构成

2. 技术转让合同

技术转让合同成交额在全国技术合同中的占比略有下降。全年技术转让合同为 23 243 项，成交额为 2397.7 亿元，同比增长 9.5%，占全国技术合同总成交额的 8.5%。其中，技术秘密转让合同成交额为 849.8 亿元，同比增长 18.6%，占技术转让合同成交额的 35.4%。专利实施许可转让合同成交额为 815.7 亿元，占技术转让合同成交额的 34.0%（图 2-3、附表 2、附表 10）。此外，全年技术转让合同中可认定为技术许可合同的项数为 3096 项，成交额为 1048.5 亿元，占全国技术合同总成交额的 3.7%。

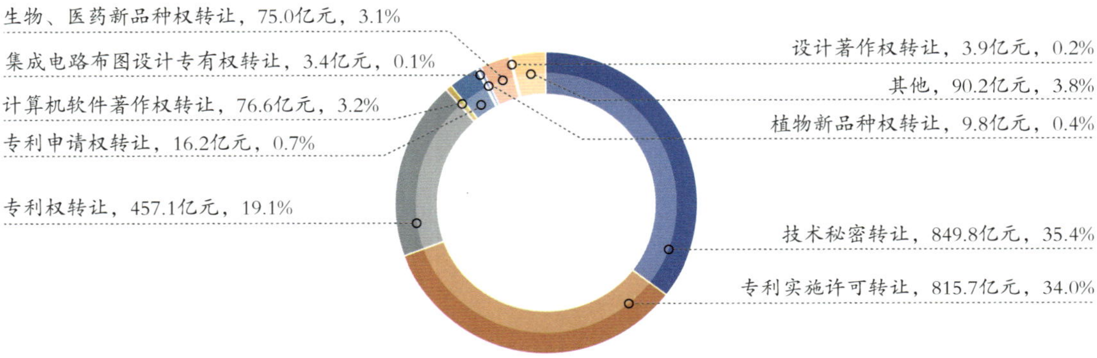

图 2-3　2020 年技术转让合同类别构成

3. 技术咨询合同

技术咨询合同成交额增速居 4 类合同之首。全年共成交技术咨询合同 36 151 项，成交额为 1104.6 亿元，同比增长 79.9%（图 2-1、附表 2、附表 10）。

4. 技术服务合同

技术服务合同总量持续增长。技术服务合同成交项数和成交额继续稳居 4 类合同首位，合同项数为 272 379 项，同比增加 34 575 项；成交额为 15 875.2 亿元，同比增长 27.8%，占全国技术合同总成交额的 56.2%（图 2-1、附表 2、附表 10）。

二、知识产权构成

涉及知识产权的技术合同成交额占全国技术合同成交总额比重的近四成。全国涉及知识产权的技术合同共 185 993 项，成交额为 11 253.8 亿元，占全国技术合同总成交额的 39.8%。其中，技术秘密合同 93 654 项，成交额为 5381.3 亿元，占全国技术合同总成交额的 19.0%。专利技术合同 30 872 项，成交额为 3790.4 亿元，同比增长 22.8%；其中，发明专利 20 027 项，成交额为 2326.2 亿元，同比增长 33.6%。计算机软件著作权合同 51 930 项，成交额为 1481.9 亿元，同比增长 23.2%，占全国技术合同总成交额的 5.3%（图 2-4、附表 7）。

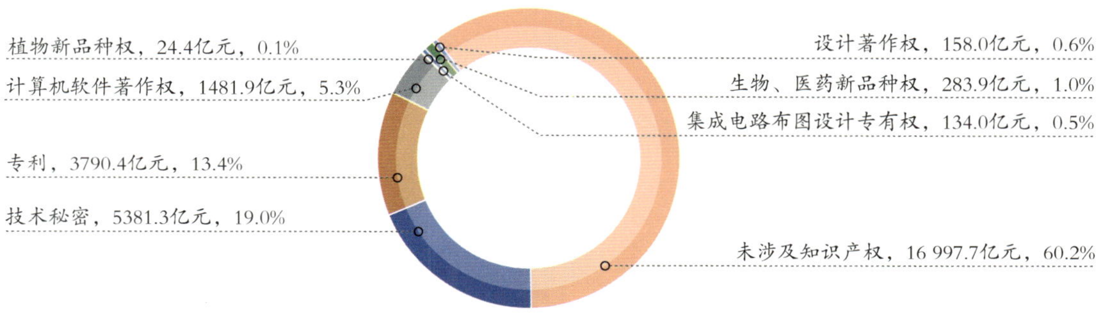

图 2-4　2020 年全国技术交易知识产权类别构成

三、技术领域构成

电子信息领域技术交易总量持续占据首位。电子信息领域技术合同项数和成交额分别为 191 574 项和 6324.0 亿元，居各类技术领域首位，成交额占全国技术合同总成交额的 22.4%；生物、医药和医疗器械领域技术合同成交额增长最快，成交额为 1769.0 亿元，同比增长 67.2%；现代交通领域技术合同成交额增幅超过 50.0%；城市建设与社会发展、先进制造、农业和新材料及其应用领域技术合同成交额增幅超过 30.0%；电子信息、环境保护与资源综合利用技术领域技术合同成交额增幅超过 10.0%；核应用和航空航天领域技术合同成交额有所下降（图 2-5、附表 3）。

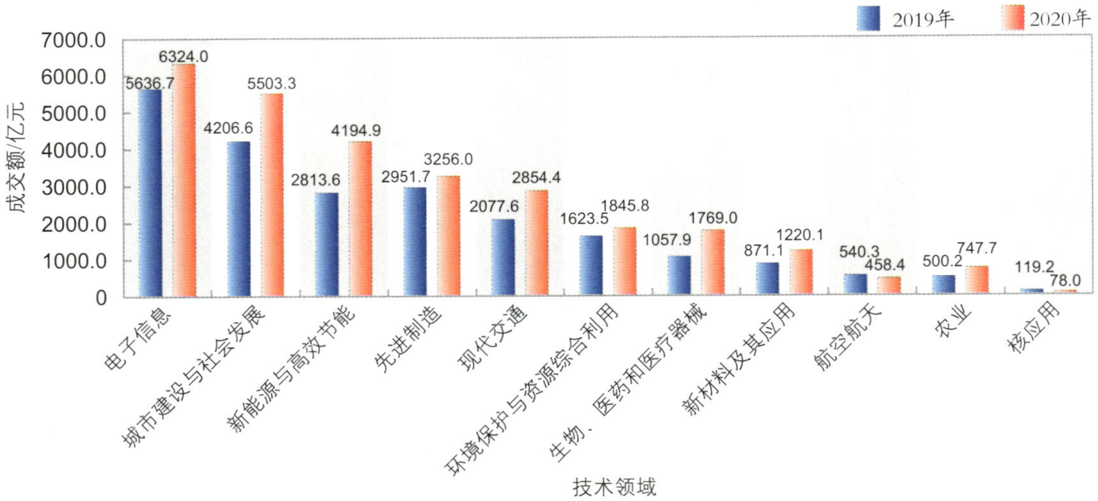

图 2–5　2019—2020 年全国技术交易领域构成

四、社会—经济目标构成

社会发展和社会服务仍是技术交易的主要目标领域。促进社会发展和完善社会服务的技术合同共 171 363 项，成交额为 6836.4 亿元，同比增长 29.2%，占全国技术合同总成交额的 24.2%；服务于基础设施以及城市和农村规划的技术合同成交额居第 2 位，为 4509.3 亿元，同比增长 31.9%，占全国技术合同总成交额的 16.0%；服务于其他民用目标的技术合同成交额为 4366.2 亿元，同比增长 12.6%，占全国技术合同总成交额的 15.5%，居第 3 位（图 2–6、附表 11）。

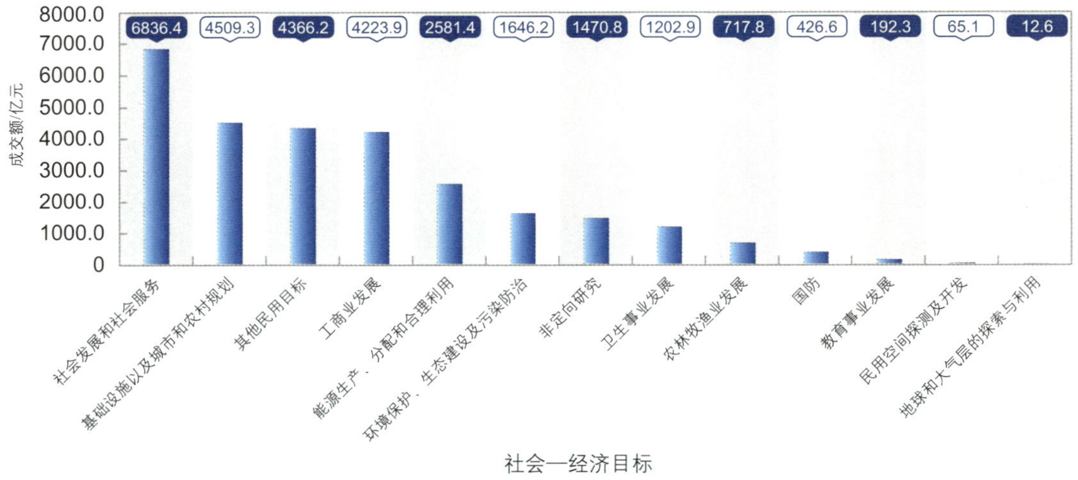

图 2–6　2020 年全国技术交易社会—经济目标构成

五、科技计划项目构成

各类科技计划项目成交总量保持增长。各类科技计划项目技术合同共 72 889 项，成交额为 4468.7 亿元，同比增长 5.4%，占全国技术合同总成交额的 15.8%。其中，省、自治区、直辖市及计划单列市计划项目成交额仍居首位，为 1922.2 亿元，占各类科技计划项目成交额总量的 43.0%；地市县计划项目成交额居第 2 位，为 1874.0 亿元，同比增长 31.8%；国家科技计划项目成交额为 321.3 亿元。国家科技计划项目中，国家科技重大专项、自然科学基金和基础研究计划（973 计划）与国家重大科学研究计划项目成交额位居前列，分别为 80.7 亿元、25.1 亿元和 24.1 亿元。部门计划项目成交额为 351.3 亿元，同比减少 1.7%（图 2-7、图 2-8、附表 12）。

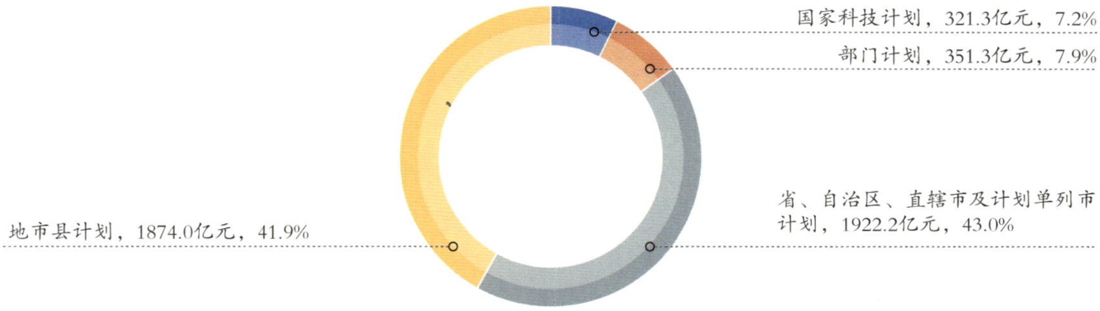

图 2-7　2020 年全国技术交易计划类别构成

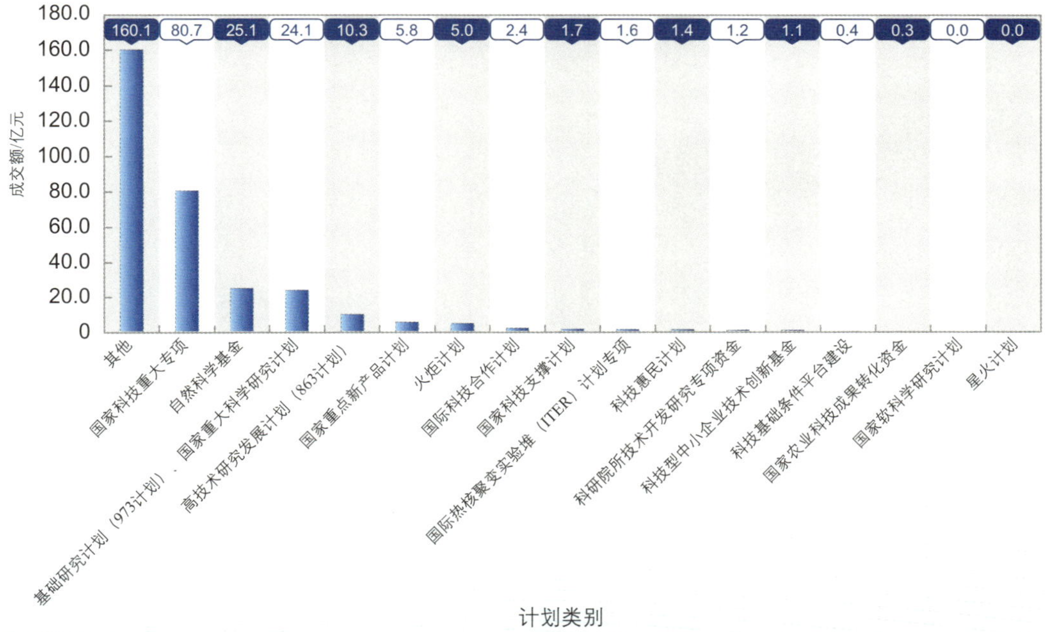

图 2-8　2020 年国家科技计划各类技术项目成交额情况

六、重大技术合同构成

重大技术合同成交额占比超八成。1000 万元以上的重大技术合同共 25 726 项，同比增长 21.6%；成交额为 22 799.0 亿元，同比增长 27.1%，占全国技术合同总成交额的 80.7%。平均每份重大技术合同成交额为 8862.2 万元，远高于 514.3 万元的全国平均水平。

技术服务合同成为各类重大技术合同的主要交易类型。重大技术服务合同成交额为 13 431.0 亿元，占重大技术合同成交额的 58.9%，与上年基本持平；平均每份重大技术服务合同成交额为 10 860.4 万元，是全国平均每份技术合同成交额的 21.1 倍（图 2-9、附表 4）。

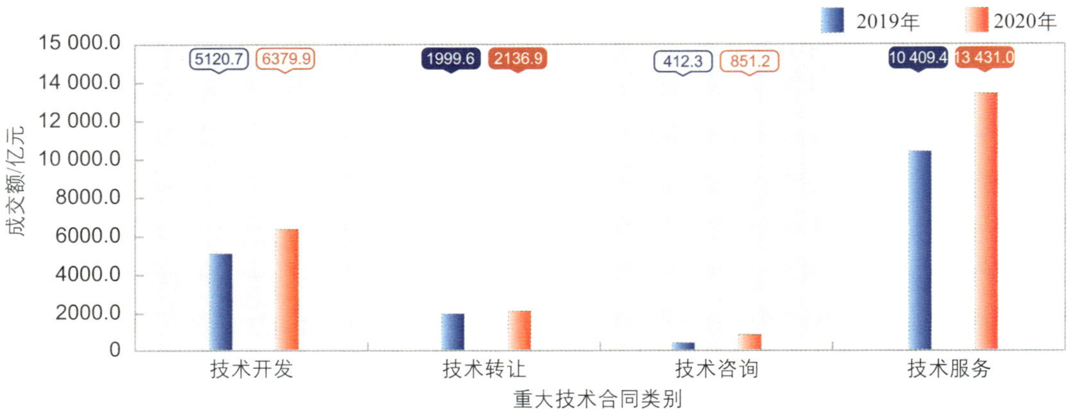

图 2-9　2019—2020 年重大技术合同类型对比

城市建设与社会发展重大技术合同成交额居首位。城市建设与社会发展领域重大技术合同 3786 项，成交额为 4909.2 亿元，占全国重大技术合同成交额的 21.5%；电子信息领域重大技术合同 6015 项，成交额为 4531.9 亿元，居第 2 位，占全国重大技术合同成交额的 19.9%；先进制造领域重大技术合同 4862 项，成交额为 3349.3 亿元，居第 3 位，占全国重大技术合同成交额的 14.7%。

技术秘密成为重大技术合同的主要知识产权类型。重大技术合同中涉及技术秘密的技术合同 4687 项，成交额为 4414.6 亿元，同比增长 15.2%，占全国重大技术合同成交额的 19.4%；涉及专利的重大技术合同 3346 项，成交额为 3409.9 亿元，居第 2 位；涉及计算机软件著作权的重大技术合同 1640 项，成交额为 932.3 亿元，居第 3 位（附表 4）。

七、技术交易主体构成

企业法人技术输出和吸纳均居首位。其中，企业技术交易主体地位稳固，输出和吸纳技术总量均实现持续增长，成交额分别增长 26.0% 和 30.7%；以高等院校和科研机构为主的事业法人技术输出合同成交额高于技术吸纳合同成交额；机关法人购买服务略有增长，吸纳技术合同成交额为 3554.9 亿元，同比增长 5.5%；社团法人、自然人和其他组织技术需求高于技术输出（图 2–10、附表 9、附表 13、附表 14）。

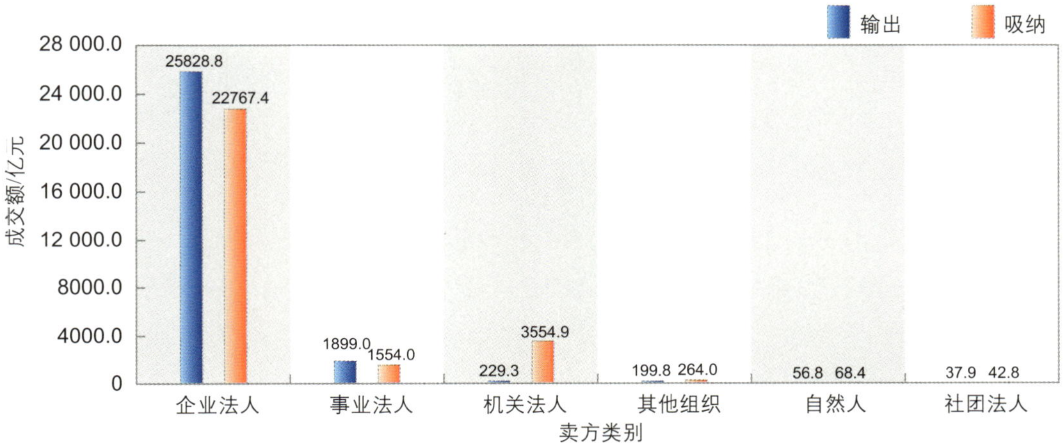

图 2–10　2020 年技术交易双方主体构成

1. 技术输出方

企业法人输出技术合同项数和成交额均高居各类主体榜首；事业法人输出技术合同成交额为 1899.0 亿元，居第 2 位（图 2–11、附表 9）。

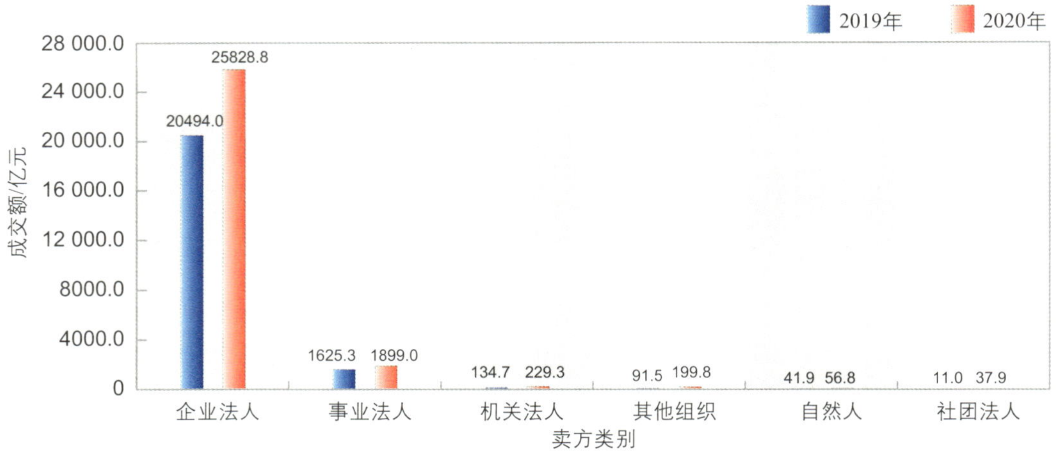

图 2-11　2019—2020 年技术卖方构成

（1）企业法人输出

企业法人输出技术合同成交额在全国技术合同总成交额中的占比超九成。输出技术合同 385 402 项，同比增长 19.8%，成交额为 25 828.8 亿元，同比增长 26.0%，占全国技术合同总成交额的 91.4%。其中，内资企业技术合同成交额占比最高，输出技术 364 242 项，成交额为 22 555.8 亿元，占企业技术合同成交额的 87.3%；外商投资企业输出技术合同 10 945 项，成交额为 1730.4 亿元，同比增长 14.0%；境外企业输出技术合同 2693 项，成交额为 877.8 亿元。境外企业、外商投资企业平均每份技术输出合同成交额为 3259.6 万元和 1581.0 万元，远高于内资企业 619.3 万元的平均技术输出合同成交额（图 2-12、附表 9）。

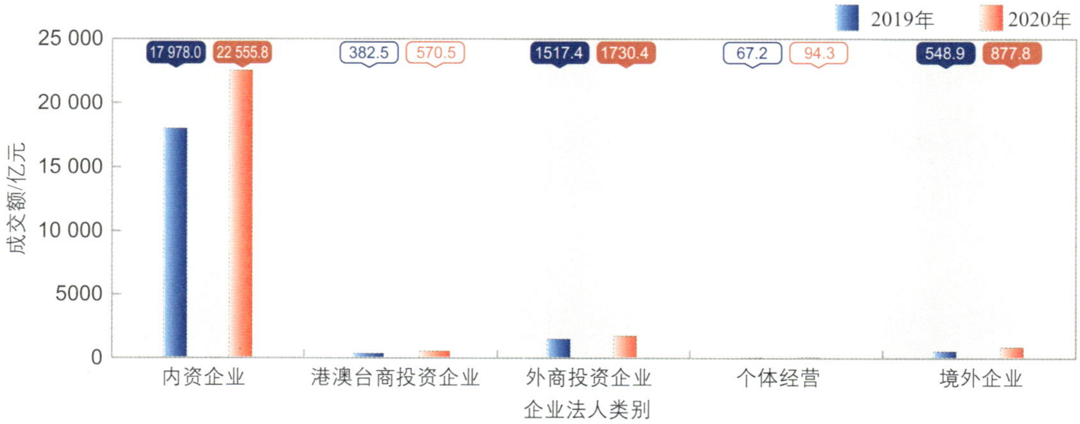

图 2-12　2019—2020 年企业输出技术构成

企业法人与企业法人之间的技术输出活跃。企业法人技术合同输出对象主要为企业法人、机关法人和事业法人。输出到企业法人的技术合同 297 293 项，成交额为 21 422.8 亿元，占企业法人技术输出合同成交额的 82.9%；输出到机关法人的技术合同 39 236 项，成交额为 2863.8 亿元，占企业法人技术输出合同成交额的 11.1%；输出到事业法人的技术合同 40 649 项，成交额为 1241.5 亿元，占企业法人技术输出合同成交额的 4.8%（图 2–13、附表 13）。

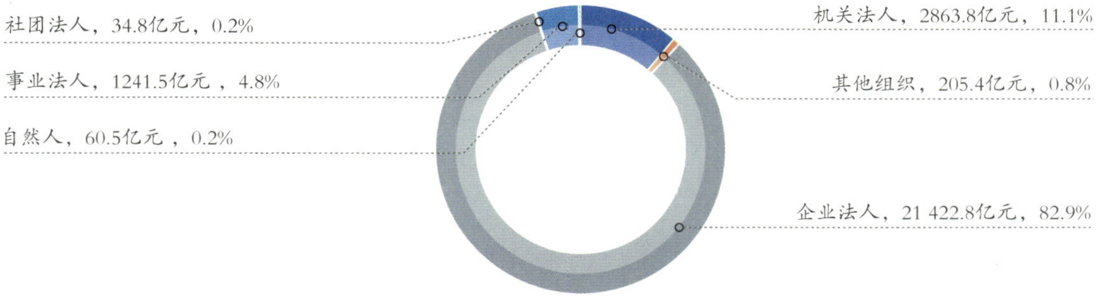

图 2–13 2020 年企业输出技术流向

大型企业向大型和中小型企业输出的技术合同成交额占比超过三成。大型企业共向大型和中小型企业输出技术 38 979 项，成交额为 8356.2 亿元，占企业法人技术输出合同成交额的 32.4%。其中，大型企业向大型企业输出的技术合同成交额为 5902.0 亿元，占企业法人技术输出合同成交额的 22.9%；向中小型企业输出的技术合同成交额为 2454.2 亿元，占企业法人技术输出合同成交额的 9.5%。中小型企业共向大型和中小型企业输出技术合同 149 357 项，成交额为 5844.8 亿元。其中，中小型企业向大型企业输出的技术合同成交额为 2279.7 亿元，占企业法人技术输出合同成交额的 8.8%；向中小型企业输出技术 3565.1 亿元，占企业法人技术输出合同成交额的 13.8%（图 2–14）。

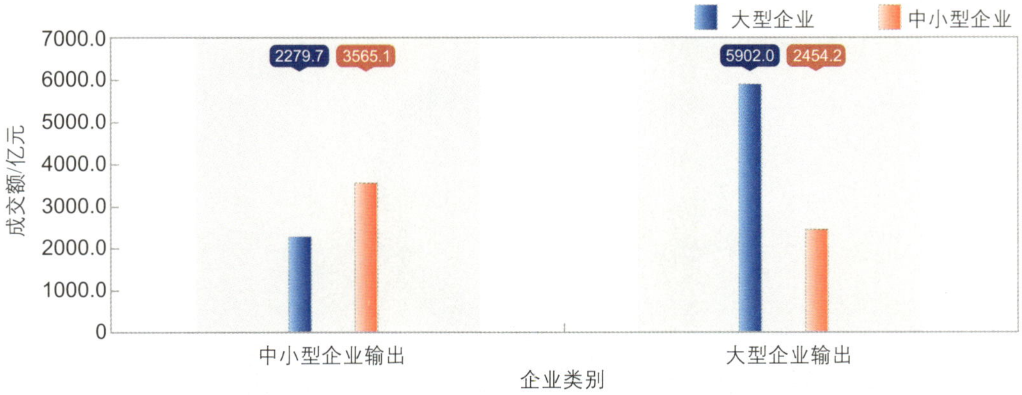

图 2–14 2020 年大型和中小型企业间输出技术情况

（2）事业法人输出

事业法人输出技术合同总量明显增加。输出技术合同 157 319 项，成交额为 1899.0 亿元，同比增长 16.8%。其中，科研机构输出技术合同 53 091 项，成交额为 1111.8 亿元，上升明显，增幅为 35.5%；高等院校输出技术合同 90 823 项，成交额为 561.0 亿元，略有下降；医疗、卫生机构输出技术合同 6169 项，同比增长 42.0%，成交额为 44.5 亿元，有所下降（图 2–15、附表 9）。

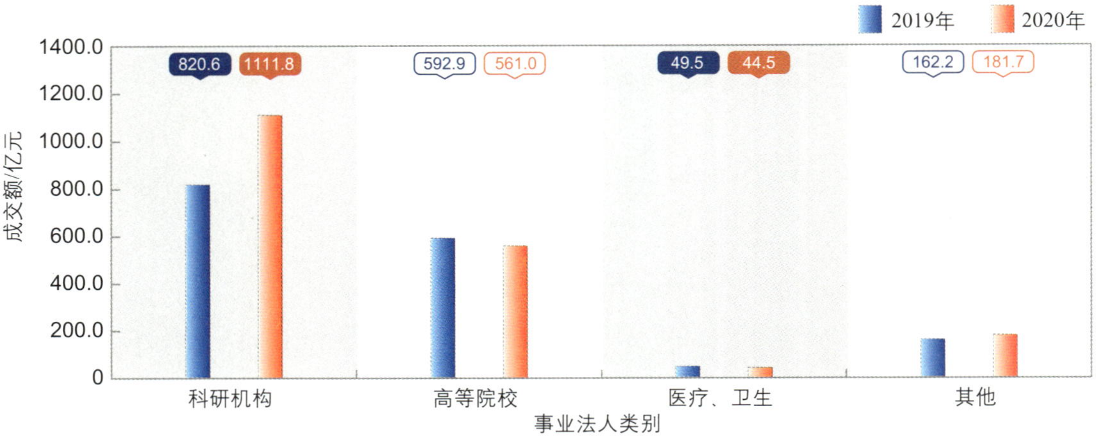

图 2–15　2019—2020 年事业法人输出技术构成

高等院校超六成技术流向企业。高等院校输出到企业的技术合同为 60 597 项，成交额为 339.7 亿元，占高等院校技术输出技术合同成交额的 60.6%；输出到机关法人的技术合同 9705 项，成交额为 107.5 亿元，占高等院校输出技术合同成交额的 19.2%，居第 2 位；输出到事业法人的技术合同 18 402 项，成交额为 105.1 亿元，占高等院校输出技术合同成交额的 18.7%，居第 3 位（图 2–16）。

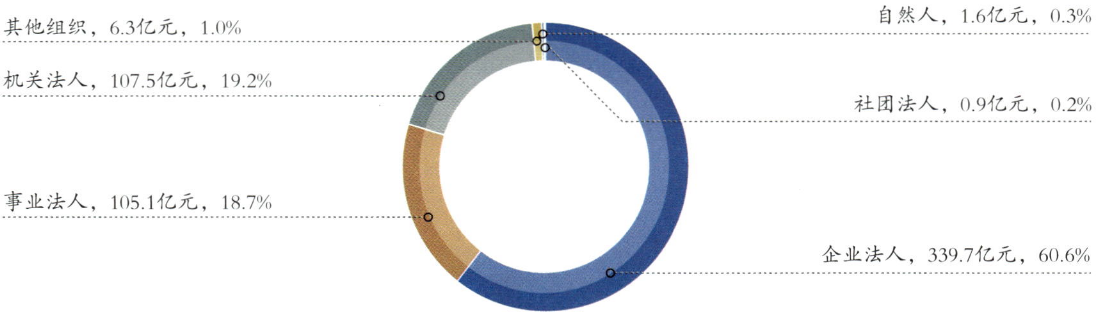

图 2–16　2020 年高等院校输出技术流向

科研机构流向企业的技术超过五成。科研机构输出到企业的技术合同为 33 586 项，成交额为 582.2 亿元，占科研机构输出技术合同成交额的 52.4%；输出到机关法人的技术合同 6984 项，成交额为 310.7 亿元，占科研机构输出技术合同成交额的 27.9%，居第 2 位；输出到事业法人的技术合同 11 535 项，成交额为 184.7 亿元，占科研机构输出技术合同成交额的 16.6%，居第 3 位（图 2–17）。

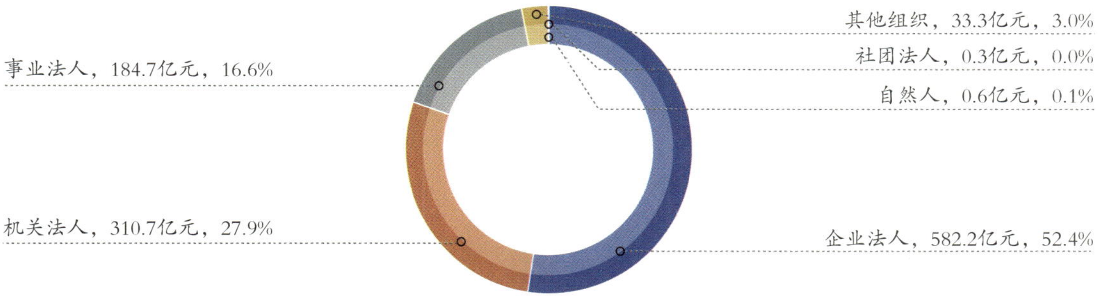

图 2–17　2020 年科研机构输出技术流向

2. 技术吸纳方

企业法人技术需求持续快速增长，机关法人、事业法人和其他组织吸纳技术合同成交额均有不同程度的增长，自然人和社团法人吸纳技术合同成交额有所下降（图 2–18、附表 14）。

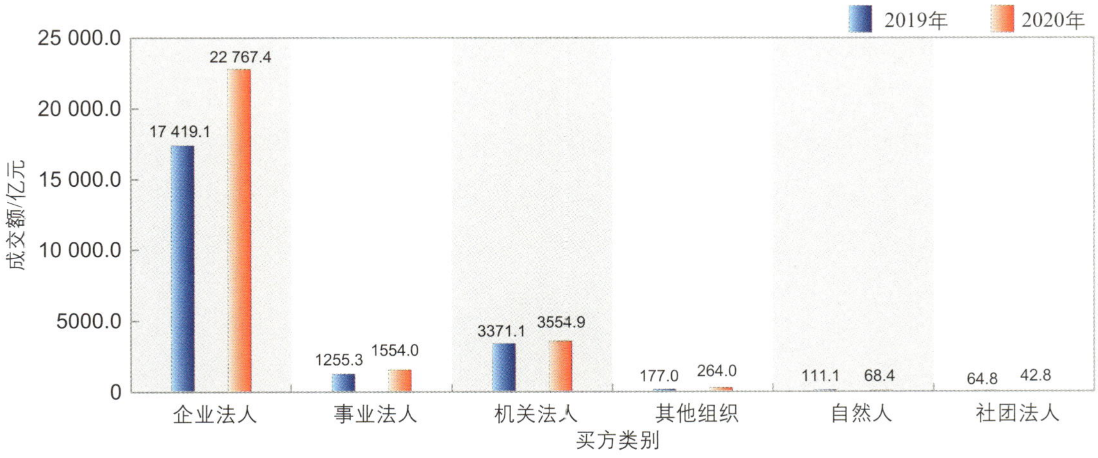

图 2–18　2019—2020 年技术买方构成

（1）企业法人吸纳

企业法人是技术吸纳的主体。吸纳技术合同 402 020 项，成交额为 22 767.4 亿元，同比增长

30.7%，占全国技术合同总成交额的 80.6%。其中，内资企业技术吸纳占据主导地位，技术吸纳合同 361 101 项，成交额为 17 677.6 亿元，占企业吸纳技术合同成交额的 77.6%；境外企业吸纳技术合同成交额为 2935.8 亿元，居第 2 位，同比增长 38.3%；个体经营企业吸纳技术合同成交额增幅居首位，同比增长 91.4%；外商投资企业和港澳台商投资企业吸纳技术合同成交额同比增长分别为 76.5% 和 49.0%，增幅分别位于第 2 位和第 3 位（图 2-19、附表 14）。

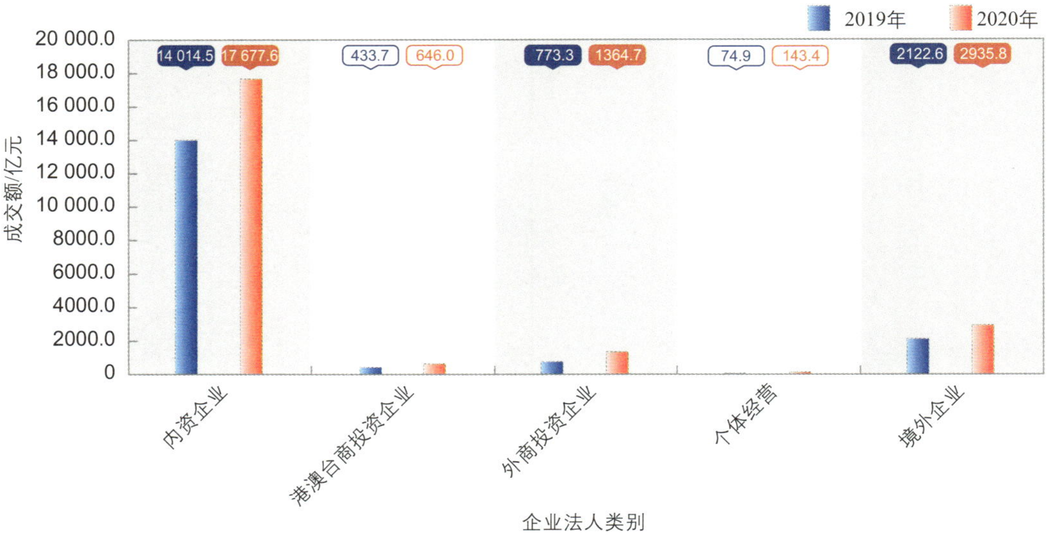

图 2-19　2019—2020 年企业吸纳技术构成

企业间技术吸纳成交额占比超九成。企业法人吸纳企业法人的技术合同 297 293 项，成交额为 21 422.8 亿元，占企业法人吸纳技术合同成交额的 94.1%；吸纳事业法人的技术合同 101 559 项，成交额为 1003.7 亿元，居第 2 位，占企业法人吸纳技术合同成交额的 4.4%（图 2-20、附表 13）。

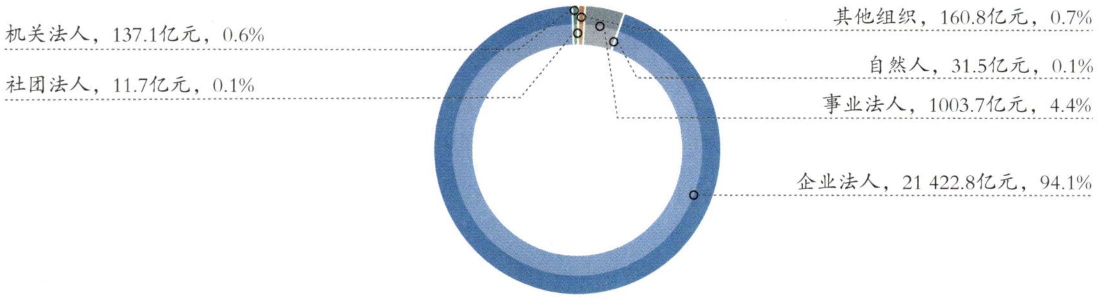

图 2-20　2020 年企业吸纳技术来源

大型企业技术吸纳表现突出。大型企业从大型和中小型企业共吸纳技术合同 55 967 项，成交额为 8181.7 亿元，占企业法人吸纳技术合同成交额的 35.9%。其中，大型企业吸纳大型企业的技术合同成交额为 5902.0 亿元，占企业吸纳技术合同成交额的 25.9%；吸纳中小型企业的技术合同成交额为 2279.7 亿元，占企业吸纳技术合同成交额的 10.0%。中小型企业从大型和中小型企业共吸纳技术合同 132 369 项，成交额为 6019.3 亿元，占企业法人吸纳技术合同成交额的 26.4%。其中，中小型企业自大型企业吸纳技术合同成交额为 2454.2 亿元，占企业吸纳技术合同成交额的 10.8%；中小型企业自中小型企业吸纳技术合同成交额为 3565.1 亿元，占企业吸纳技术合同成交额的 15.7%（图 2–21）。

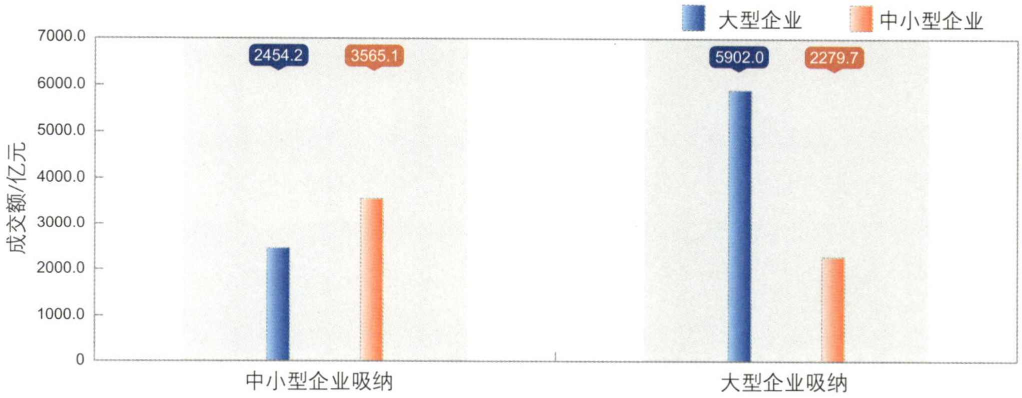

图 2–21　2020 年不同规模企业间吸纳技术情况

（2）事业法人吸纳

事业法人吸纳技术总量稳步增长。吸纳技术合同 73 062 项，成交额为 1554.0 亿元。其中，科研机构吸纳技术合同 27 071 项，成交额为 411.6 亿元，低于上年，占事业法人吸纳技术合同成交额的 26.5%；高等院校吸纳技术合同成交额 145.9 亿元，增幅为 44.3%；医疗、卫生机构吸纳技术合同成交额增幅明显，吸纳技术 6428 项，成交额为 68.9 亿元，同比增长 84.8%（图 2–22、附表 14）。

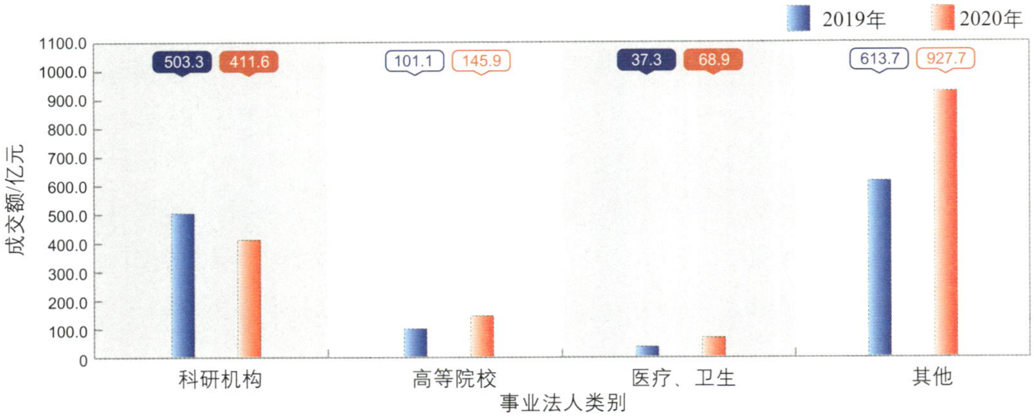

图 2-22　2019—2020 年事业法人吸纳技术构成

科研机构吸纳技术主要来源于企业法人和事业法人。其中，吸纳企业法人的技术合同 10 769 项，成交额为 227.6 亿元，居第 1 位，占科研机构吸纳技术合同成交额的 55.3%；吸纳事业法人的技术合同 16 213 项，成交额为 178.2 亿元，居第 2 位，占科研机构吸纳技术合同成交额的 43.3%（图 2-23）。

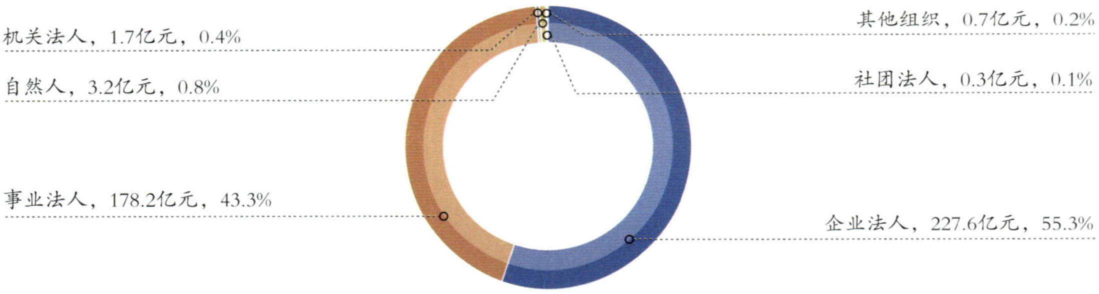

图 2-23　2020 年科研机构吸纳技术来源

高等院校吸纳技术主要来源于企业。其中，吸纳企业法人的技术合同 9267 项，成交额为 123.8 亿元，居第 1 位，占高等院校吸纳技术合同成交额的 84.8%；吸纳事业法人的技术合同 4853 项，成交额为 21.3 亿元，居第 2 位，占高等院校吸纳技术合同成交额的 14.6%（图 2-24）。

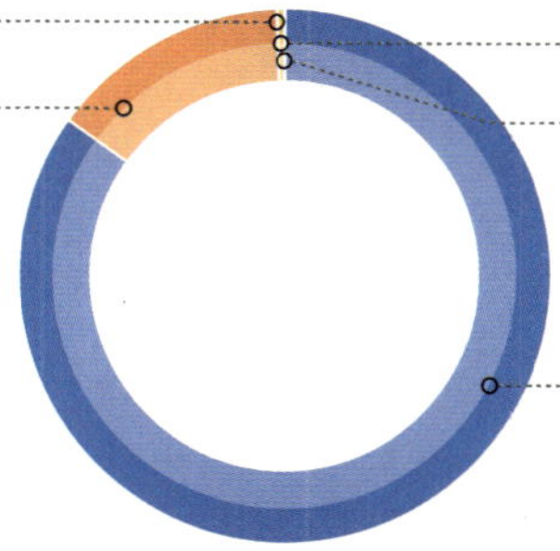

图 2–24　2020 年高等院校吸纳技术来源

（3）机关法人吸纳

机关法人吸纳企业技术超八成。其中，吸纳企业法人的技术合同 39 236 项，成交额为 2863.8 亿元，居第 1 位，占机关法人吸纳技术合同成交额的 80.6%；吸纳事业法人的技术合同 20 432 项，成交额为 544.4 亿元，居第 2 位，占机关法人吸纳技术合同成交额的 15.3%（图 2–25、附表 13）。

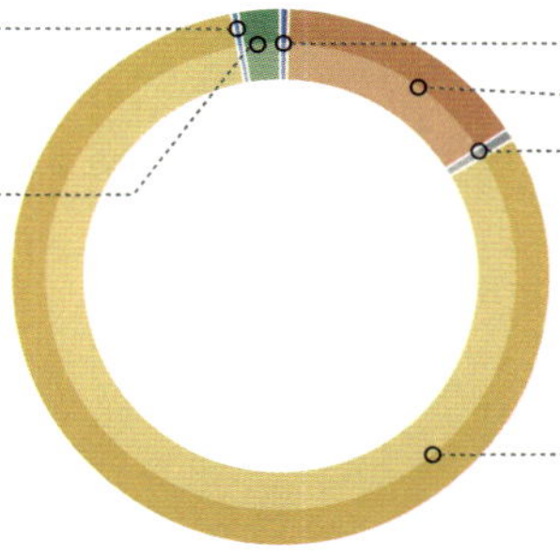

图 2–25　2020 年机关法人吸纳技术来源

第三部分　各地技术交易

一、合同登记情况

2020 年，全国大部分省（市）登记技术合同成交额保持增长。技术合同成交额排名前 10 位的省市依次为北京、广东、江苏、山东、上海、陕西、湖北、浙江、四川和天津，前 10 位省（市）的技术合同项数与成交额总和分别占全国的 78.4% 和 82.0%，同比略有增长。前 10 位中，山东登记技术合同成交额由去年的第 8 位跃升至第 4 位；浙江上升 1 位，居第 8 位（图 3–1、表 3–1）。

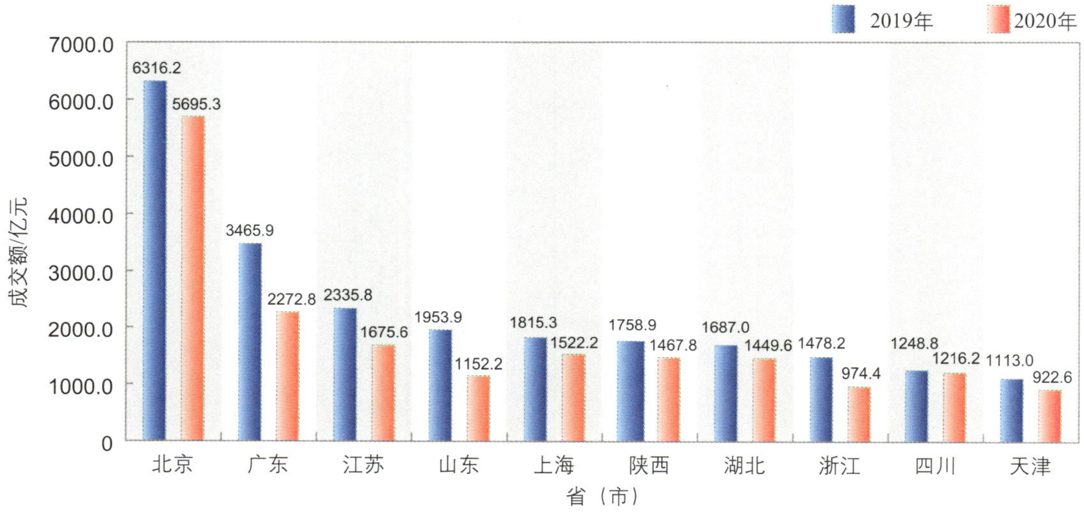

图 3–1　2019—2020 年全国各省（市）登记技术合同成交额排名前 10 位

表 3–1　2019—2020 年全国技术合同认定登记情况

地区	2019 年			2020 年		
	合同数 / 项	成交额 / 亿元	排名	合同数 / 项	成交额 / 亿元	排名
北京	83 171	5695.3	1	84 451	6316.2	1
广东	33 796	2272.8	2	39 845	3465.9	2
其中：深圳	10 217	705.0		11 797	1043.9	

续表

地区	2019 年			2020 年		
	合同数 / 项	成交额 / 亿元	排名	合同数 / 项	成交额 / 亿元	排名
江苏	49 622	1675.6	3	57 412	2335.8	3
山东	35 505	1152.2	8	73 947	1953.9	4
其中：青岛	7736	170.6		7547	270.82	
上海	36 324	1522.2	4	26 811	1815.3	5
陕西	53 004	1467.8	5	52 036	1758.9	6
湖北	39 511	1449.6	6	39 749	1687.0	7
浙江	19 220	974.4	9	25 970	1478.2	8
其中：宁波	3077	159.5		3184	167.2	
四川	13 232	1216.2	7	20 456	1248.8	9
天津	13 977	922.6	10	9822	1113.0	10
湖南	9023	490.7	12	11 741	735.9	11
安徽	19 563	452.7	14	16 717	672.2	12
辽宁	16 914	571.2	11	17 621	645.1	13
其中：大连	7941	210.4		7582	249.8	
河北	7270	382.5	15	7486	558.6	14
吉林	4549	474.1	13	5361	462.2	15
河南	9310	234.1	17	11 751	384.5	16
黑龙江	3799	235.8	16	5127	267.8	17
贵州	2906	227.2	18	3438	249.1	18
江西	2799	148.6	21	4087	233.4	19
甘肃	5921	196.4	19	7403	233.2	20
福建	8786	145.9	22	10 943	183.9	21
其中：厦门	4826	92.5		5727	108.8	

续表

地区	2019 年			2020 年		
	合同数 / 项	成交额 / 亿元	排名	合同数 / 项	成交额 / 亿元	排名
重庆	3822	150.4	20	3592	154.2	22
广西	2649	77.6	25	3405	91.7	23
云南	3327	82.8	24	3331	50.1	24
内蒙古	1217	26.0	26	1506	48.2	25
山西	967	109.8	23	1059	45.0	26
宁夏	1930	16.7	27	1874	22.5	27
海南	398	9.1	28	529	20.2	28
青海	836	9.1	29	1073	10.6	29
新疆	687	7.8	30	743	9.5	30
其中：新疆兵团	125	1.6		365	3.3	
西藏	42	1.0	31	67	0.8	31
合计	484 077	22 398.4		549 353	28 251.5[①]	

二、技术输出情况

1. 省（区、市）输出技术

北京、广东、江苏技术输出成交额领先全国。全国大部分省（区、市）技术输出成交额稳步增长，北京、广东、江苏共成交技术合同 180 852 项，占全国技术合同总成交项数的 32.9%；成交额为 11 671.3 亿元，占全国技术合同总成交额的 41.3%。

全国输出技术合同成交额排名前 10 位的省（市）依次为北京、广东、江苏、山东、陕西、湖北、上海、浙江、四川和天津，共成交技术合同 428 127 项，成交额为 22 320.4 亿元，分别占全国技术合同总成交项数和总成交额的 77.9% 和 79.0%。山东由上年的第 8 位跻身成为第 4 位，浙江由第 10 位上升至第 8 位（图 3–2、表 3–2）。

技术输出合同成交额超 1000 亿元的省（市）由上年的 8 个增加至 10 个，分别为北京、广东、

① 本年报中部分数据合计数或相对数由于计量单位取舍不同而产生的计算误差，均未做机械调整。

江苏、山东、陕西、湖北、上海、浙江、四川和天津。全国（除港澳台和国外）技术输出合同成交额平均增速为 25.5%，海南和重庆增速超过 100%，内蒙古、浙江、江西、山东和河南增幅超过 50%（附表 5）。

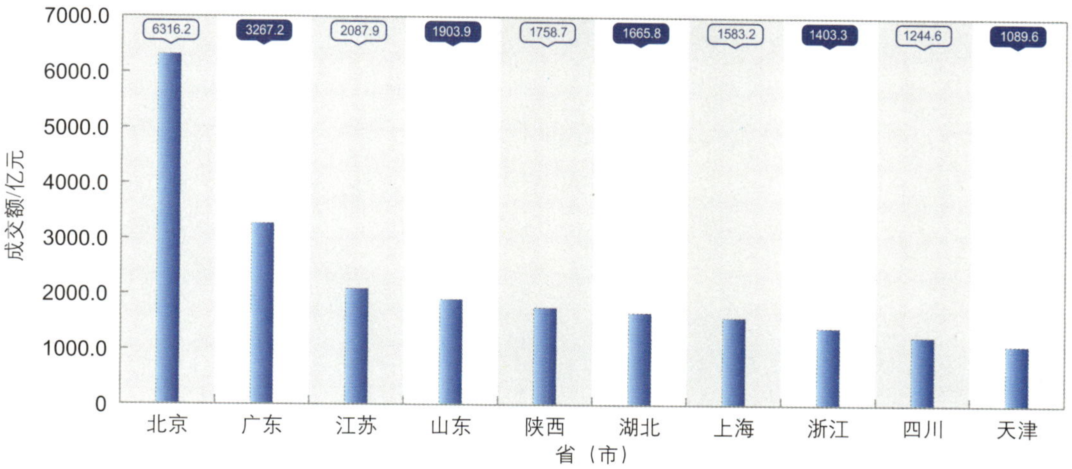

图 3-2　2020 年全国各省（市）输出技术合同成交额前 10 位

表 3-2　2020 年各地区技术交易流向情况

地区	输出技术			吸纳技术		
	合同数 / 项	成交额 / 亿元	排名	合同数 / 项	成交额 / 亿元	排名
北京	84 451	6316.2	1	65 548	3128.6	2
广东	39 485	3267.2	2	56 009	4306.3	1
江苏	56 916	2087.9	3	53 679	2217.0	3
山东	73 639	1903.9	4	67 270	2048.5	4
陕西	52 035	1758.7	5	28 879	941.1	8
湖北	39 420	1665.8	6	25 232	1403.5	6
上海	26 356	1583.2	7	28 913	1162.8	7
浙江	25 725	1403.3	8	31 592	1568.6	5
四川	20 415	1244.6	9	20 050	875.6	9

续表

地区	输出技术			吸纳技术		
	合同数 / 项	成交额 / 亿元	排名	合同数 / 项	成交额 / 亿元	排名
天津	9685	1089.6	10	8466	617.0	12
湖南	11 741	736.0	11	10 777	523.6	16
安徽	16 667	659.6	12	18 308	737.9	10
辽宁	17 301	632.8	13	14 984	406.6	19
河北	7468	555.0	14	12 070	706.7	11
吉林	5361	462.2	15	5565	529.6	15
河南	11 717	379.8	16	13 660	536.7	14
黑龙江	5126	265.2	17	6135	189.9	27
贵州	3437	249.1	18	6062	556.1	13
江西	4084	233.4	19	5651	344.6	20
甘肃	7403	233.2	20	8525	235.6	25
福建	10 753	163.5	21	11 886	513.7	17
重庆	3515	117.8	22	5673	225.5	26
广西	3404	91.7	23	6337	474.0	18
云南	3325	50.0	24	6277	332.4	21
山西	1059	45.0	25	5171	332.3	22
内蒙古	1494	36.0	26	7346	251.1	24
海南	529	20.2	27	2211	79.8	31
宁夏	1864	16.8	28	3315	113.5	28
青海	1073	10.6	29	2291	84.2	29
新疆	741	9.0	30	4973	273.5	23
其中：新疆兵团	364	3.3		307	5.4	
西藏	67	0.8	31	1073	81.2	30

续表

地区	输出技术			吸纳技术		
	合同数 / 项	成交额 / 亿元	排名	合同数 / 项	成交额 / 亿元	排名
港澳台	315	33.3	—	1304	262.0	—
国外	2782	930.5	—	4121	2192.2	—
合计	549 353	28 251.5	—	549 353	28 251.5	—

2. 计划单列市输出技术

深圳输出技术总量位居榜首。5 个计划单列市输出技术增长迅速，共输出技术合同 35 837 项，成交额为 1840.5 亿元，同比增长 47.0%。其中，深圳输出技术合同项数和成交额均位居计划单列市之首，成交额同比增长 44.0%；青岛输出技术合同成交额增长 76.9%，成交额排名由上年的第 3 位上升至 2020 年的第 2 位（表 3–3、附表 5）。

表 3–3 2020 年计划单列市技术交易流向情况

计划单列市	输出技术			吸纳技术		
	合同数 / 项	成交额 / 亿元	排名	合同数 / 项	成交额 / 亿元	排名
深圳	11 797	1043.9	1	21 331	1631.5	1
青岛	7547	270.8	2	6303	325.4	2
大连	7582	249.8	3	6599	76.4	4
宁波	3184	167.2	4	4849	314.2	3
厦门	5727	108.8	5	4559	60.8	5
合计	35 837	1840.5		43 641	2408.3	

3. 副省级城市输出技术

广州输出技术总量居首位。10 个副省级城市技术输出合同成交额总和为 8126.8 亿元，同比增长 22.3%。其中，技术输出合同成交额排名居前 3 位的分别是广州、西安和成都，成交额分别为

2089.1 亿元、1648.6 亿元和 1144.5 亿元，其中广州同比增长 70.6%，增幅居首位（表 3–4、附表 5）。

表 3–4　2020 年副省级城市技术交易流向情况

副省级城市	输出技术			吸纳技术		
	合同数 / 项	成交额 / 亿元	排名	合同数 / 项	成交额 / 亿元	排名
广州	22 436	2089.1	1	16 845	1633.1	1
西安	49 545	1648.6	2	20 108	661.6	3
成都	16 943	1144.5	3	13 006	521.0	5
武汉	23 552	932.1	4	13 353	788.9	2
南京	26 206	676.3	5	17 755	594.8	4
长春	4772	451.6	6	4050	362.8	8
杭州	11 247	336.1	7	11 828	444.8	7
济南	10 108	331.4	8	9558	514.0	6
沈阳	8019	304.1	9	4997	146.9	9
哈尔滨	3293	213.0	10	3463	114.5	10
合计	176 121	8126.8		114 963	5782.3	

三、技术吸纳情况

1. 省（区、市）吸纳技术

广东、北京和江苏吸纳技术成交额排名居前 3 位。吸纳技术前 10 位的省（市）分别为广东、北京、江苏、山东、浙江、湖北、上海、陕西、四川和安徽，共吸纳技术 395 480 项，占全国技术合同总成交项数的 72.0%；成交额为 18 389.9 亿元，占全国技术合同总成交额的 65.1%。其中，广东吸纳技术合同成交额增长 37.8%，从上年的第 2 位上升至第 1 位；山东从上年的第 5 位上升至第 4 位；陕西从上年的第 9 位上升至第 8 位（图 3–3、表 3–2）。

技术吸纳合同成交额超过 1000 亿元的省（市）由上年的 5 个增加至 7 个，分别为广东、北京、江苏、山东、浙江、湖北和上海。全国（除港澳台和国外）技术吸纳合同成交额平均增速为 27.0%。其中，宁夏技术吸纳合同成交额增速达到 123.5%，黑龙江、山东、湖南、云南和新疆技术吸纳合同成交额增幅超过 50%（附表 6）。

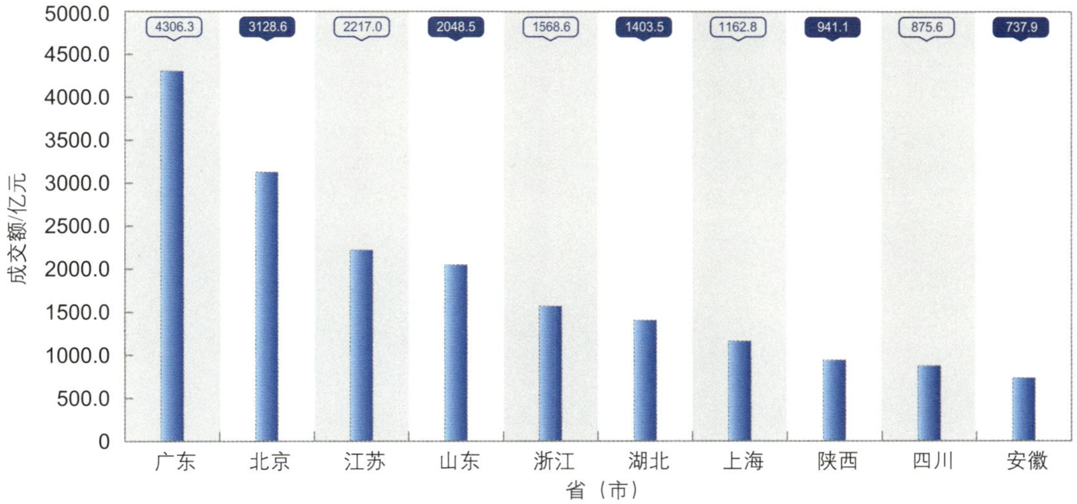

图 3–3　2020 年全国各省（市）吸纳技术合同成交额前 10 位

2. 计划单列市吸纳技术

深圳吸纳技术合同成交额居首位。5 个计划单列市共吸纳技术合同 43 641 项，成交额为 2408.3 亿元，同比增长 15.3%。其中，宁波吸纳技术合同成交额增幅最大，同比增长 83.1%；青岛技术需求明显增长，吸纳技术合同成交额增幅为 63.0%（表 3–3）。

3. 副省级城市吸纳技术

广州技术吸纳合同成交额继续保持首位。10 个副省级城市共吸纳技术合同 114 963 项，成交额为 5782.3 亿元。其中，广州吸纳技术合同成交额为 1633.1 亿元，同比增长 82.4%，维持副省级城市中首位；武汉吸纳技术合同成交额为 788.9 亿元，同比增长 53.5%，由上年的第 3 位上升至 2020 年的第 2 位（表 3–4）。

第四部分 区域技术交易

区域技术交易持续活跃，输出与吸纳技术合同成交额全部呈上升态势。东部地区技术辐射扩散能力仍然领跑全国，输出和吸纳技术合同成交额分别占全国技术合同总成交额的 65.1% 和 57.9%。中部地区、西部地区和东北地区整体情况与往年相当，3 个地区输出和吸纳技术合同总成交额约占全国三成。长江经济带发展相比上年增速放缓，输出和吸纳技术合同成交额同比增长 27.3% 和 30.2%，分别占全国技术合同总成交额的 35.5% 和 35.2%。粤港澳大湾区输出与吸纳技术合同成交额增速迅猛，增幅分别为 47.4% 和 37.4%，连续两年居各地区增幅首位。跨国技术贸易中，境外地区吸纳国内技术相对活跃，合同成交额为 2192.2 亿元，其中"一带一路"地区吸纳 592.6 亿元（表 4–1）。

表 4–1 2020 年区域技术交易流向情况

地区	输出技术				吸纳技术			
	合同数 / 项	成交额 / 亿元	增长 /%	占比 /%	合同数 / 项	成交额 / 亿元	增长 /%	占比 /%
东部地区	335 007	18 389.9	29.1	65.1	337 644	16 349.0	28.1	57.9
中部地区	84 688	3719.5	30.0	13.2	78 799	3878.5	26.9	13.7
西部地区	98 773	3818.1	13.1	13.5	100 801	4443.7	25.1	15.7
东北地区	27 788	1360.2	7.6	4.8	26 684	1126.1	20.1	4.0
京津冀地区	101 604	7960.7	14.0	28.2	86 084	4452.2	4.3	15.8
长江经济带地区	211 601	10 030.6	27.3	35.5	212 214	9947.6	30.2	35.2
长三角地区	125 664	5734.0	35.5	20.3	132 492	5686.4	30.0	20.1
粤港澳大湾区	38 706	3277.7	47.4	11.6	53 003	4401.6	37.4	15.6
境外地区	2782	930.5	65.5	3.3	4121	2192.2	15.5	7.8
"一带一路"地区	165	24.1	150.3	0.1	963	592.6	29.0	2.1

一、东部地区

东部地区技术交易再创新高。全年输出技术合同 335 007 项，成交额为 18 389.9 亿元，同比增长 29.1%，占全国技术合同总成交额的 65.1%；吸纳技术合同 337 644 项，成交额为 16 349.0 亿元，同比增长 28.1%，占全国技术合同总成交额的 57.9%。其中，浙江、天津输出技术合同成交额首次突破 1000 亿元；北京是东部地区最大的技术交易输出地，输出技术合同成交额占东部地区输出技术合同成交额的 34.4%；广东输出技术合同成交额紧随北京之后，增幅达到 47.0%，但吸纳技术合同成交额首次超越北京成为东部地区首位，增幅达到 37.6%；山东输出和吸纳技术合同成交额增速明显，分别同比增长 71.5% 和 84.1%；海南虽输出和吸纳技术合同成交额较小，但涨势喜人，在输出技术方面表现尤为突出，增速超过 120%（表 4-2）。

表 4-2　2020 年东部地区技术交易流向情况

省（市）	输出技术				吸纳技术			
	合同数 / 项	成交额 / 亿元	增长 /%	排名	合同数 / 项	成交额 / 亿元	增长 /%	排名
北京	84 451	6316.2	10.9	1	65 548	3128.6	-3.9	2
广东	39 485	3267.2	47.0	2	56 009	4306.3	37.6	1
江苏	56 916	2087.9	26.7	3	53 679	2217.0	35.6	3
山东	73 639	1903.9	71.5	4	67 270	2048.5	84.1	4
上海	26 356	1583.2	11.3	5	28 913	1162.8	32.0	6
浙江	25 725	1403.3	58.0	6	31 592	1568.6	41.6	5
天津	9685	1089.6	19.8	7	8466	617.0	33.9	8
河北	7468	555.0	45.6	8	12 070	706.7	20.9	7
福建	10 753	163.5	17.2	9	11 886	513.7	22.5	9
海南	529	20.2	121.7	10	2211	79.8	12.9	10
合计	335 007	18 389.9	29.1		337 644.00	16 349.0	28.1	

二、中部地区

湖北双向技术合同成交额仍然居中部地区首位。全年中部地区输出技术合同 84 688 项，成交额为 3719.5 亿元，同比增长 30.0%，占全国技术合同总成交额的 13.2%；吸纳技术合同 78 799 项，成交额为 3878.5 亿元，同比增长 26.9%，占全国技术合同总成交额的 13.7%。其中，湖北输出和吸纳技术合同成交额占中部地区输出和吸纳技术合同成交额的比例分别为 44.8% 和 36.2%；河南输出技术合同成交额增长居中部地区首位，为 63.8%；湖南吸纳技术合同成交额增长居中部地区首位，为 54.1%，其吸纳技术合同成交额排名继 2019 年之后再次上升 1 位。而山西输出和吸纳技术合同成交额均呈负增长，分别下降 58.9% 和 25.3%（表 4–3）。

表 4–3　2020 年中部地区技术交易流向情况

省份	输出技术				吸纳技术			
	合同数 / 项	成交额 / 亿元	增长 /%	排名	合同数 / 项	成交额 / 亿元	增长 /%	排名
湖北	39 420	1665.8	16.5	1	25 232	1403.5	48.7	1
湖南	11 741	736.0	50.0	2	10 777	523.6	54.1	4
安徽	16 667	659.6	46.7	3	18 308	737.9	20.6	2
河南	11 717	379.8	63.8	4	13 660	536.7	29.3	3
江西	4084	233.4	57.1	5	5651	344.6	15.3	5
山西	1059	45.0	-58.9	6	5171	332.3	-25.3	6
合计	84 688	3719.5	30.0		78 799	3878.5	26.9	

三、西部地区

西部地区吸纳技术合同成交额高于输出技术合同成交额。全年西部地区输出技术合同 98 773 项，成交额为 3818.1 亿元，同比增长 13.1%，占全国技术合同总成交额的 13.5%；吸纳技术合同 100 801 项，成交额为 4443.7 亿元，同比增长 25.1%，占全国技术合同总成交额的 15.7%。陕西和四川输出和吸纳技术合同成交额在西部地区具有绝对优势，两省输出和吸纳技术合同总成交额分别为 3003.3 亿元和 1816.7 亿元，在西部地区占比分别为 78.7% 和 40.9%；重庆和内蒙古输出技术合同成交额增速表现突出，分别同比增长 65.4% 和 59.9%；宁夏吸纳技术合同成交额增速表现突出，同比增长 124.1%，吸纳技术合同成交额排名从最后一位上升至西部地区第 10 位；西藏输出和吸纳技术合同成交额均呈负增长（表 4–4）。

表 4–4　2020 年西部地区技术交易流向情况

省（区、市）	输出技术				吸纳技术			
	合同数 / 项	成交额 / 亿元	增长 /%	排名	合同数 / 项	成交额 / 亿元	增长 /%	排名
陕西	52 035	1758.7	19.9	1	28 879	941.1	35.6	1
四川	20 415	1244.6	2.7	2	20 050	875.6	0.4	2
贵州	3437	249.1	9.7	3	6062	556.1	37.9	3
甘肃	7403	233.2	18.7	4	8525	235.6	-1.5	8
重庆	3515	117.8	65.4	5	5673	225.5	-17.0	9
广西	3404	91.7	18.2	6	6337	474.0	49.1	4
云南	3325	49.9	-39.6	7	6277	332.4	51.2	5
内蒙古	1494	36.0	59.9	8	7346	251.1	33.6	7
宁夏	1864	16.8	12.8	9	3315	113.5	124.1	10
青海	1073	10.6	16.1	10	2291	84.2	-19.2	11
新疆	741	9.0	15.3	11	4973	273.5	56.1	6
西藏	67	0.8	-18.7	12	1073	81.2	-27.7	12
合计	98 773	3818.2	13.1		100 801	4443.7	25.1	

四、东北地区

东北地区技术交易成交额稳步上涨。全年东北地区输出技术合同 27 788 项，成交额为 1360.2 亿元，同比增长 7.6%，占全国技术合同总成交额的 4.8%；吸纳技术合同 26 684 项，成交额为 1126.1 亿元，同比增长 20.1%，占全国技术合同总成交额的 4.0%。其中，辽宁输出和吉林吸纳技术合同成交额分别居东北三省首位，为 632.8 亿元和 529.6 亿元；黑龙江输出和吸纳技术合同成交额增速最大，分别同比增长 13.9% 和 62.8%（表 4–5）。

表 4–5　2020 年东北地区技术交易流向情况

省份	输出技术				吸纳技术			
	合同数 / 项	成交额 / 亿元	增长 /%	排名	合同数 / 项	成交额 / 亿元	增长 /%	排名
辽宁	17 301	632.8	13.5	1	14 984	406.6	13.9	2
吉林	5361	462.2	-2.5	2	5565	529.6	13.7	1
黑龙江	5126	265.2	13.9	3	6135	189.9	62.8	3
合计	27 788	1360.2	7.6		26 684	1126.1	20.1	

五、京津冀地区

京津冀地区输出技术合同成交额明显高于吸纳技术合同成交额。全年京津冀地区输出技术合同 101 604 项，成交额为 7960.7 亿元，同比增长 14.0%，占全国技术合同总成交额的 28.2%；吸纳技术合同 86 084 项，成交额为 4452.2 亿元，同比增长 4.3%，占全国技术合同总成交额的 15.8%。技术交易主要集中在城市建设与社会发展、电子信息、现代交通、先进制造等技术领域。其中，北京输出和吸纳技术合同成交额位居全国第一，分别占全国输出和吸纳技术合同总成交额的 22.4% 和 11.1%（表 4–6）。

表 4–6　2020 年京津冀地区技术交易流向情况

省（区、市）	输出技术				吸纳技术			
	合同数 / 项	成交额 / 亿元	增长 /%	排名	合同数 / 项	成交额 / 亿元	增长 /%	排名
北京	84 451	6316.2	10.9	1	65 548	3128.6	-3.9	1
天津	9685	1089.6	19.8	2	8466	617.0	33.9	3
河北	7468	555.0	45.6	3	12 070	706.7	20.9	2
合计	101 604	7960.7	14.0		86 084	4452.2	4.3	

六、长三角地区

长三角地区技术交易发展优势显著。全年长三角地区输出技术合同 125 664 项，成交额为 5734.0 亿元，同比增长 35.5%，占全国技术合同总成交额的 20.3%；吸纳技术合同 132 492 项，成交额为 5686.4 亿元，同比增长 30.0%，占全国技术合同总成交额的 20.1%。技术交易主要集中在电子信息、先进制造和城市建设与社会发展技术领域。其中，江苏输出和吸纳技术合同成交额均首次超过 2000 亿元，居长三角地区首位；浙江输出和吸纳技术合同成交额增速均较快，分别同比增长 58.0% 和 41.6%（表 4–7）。

表 4–7　2020 年长三角地区技术交易流向情况

省（市）	输出技术				吸纳技术			
	合同数 / 项	成交额 / 亿元	增长 /%	排名	合同数 / 项	成交额 / 亿元	增长 /%	排名
江苏	56 916	2087.9	26.7	1	53 679	2217.0	35.6	1
上海	26 356	1583.2	11.3	2	28 913	1162.8	32.0	2
浙江	25 725	1403.3	58.0	3	31 592	1568.6	41.6	3
安徽	16 667	659.6	46.7	4	18 308	737.9	20.6	4
合计	125 664	5734.0	35.5		132 492	5686.4	30.0	

七、粤港澳大湾区

粤港澳大湾区发展势头迅猛。全年粤港澳大湾区输出技术合同 38 706 项，成交额为 3277.7 亿元，同比增长 47.4 %，占全国技术合同总成交额的 11.6%；吸纳技术合同 53 003 项，成交额为 4401.6 亿元，同比增长 37.4%，占全国技术合同总成交额的 15.6%；技术交易主要集中在电子信息、城市建设与社会发展领域。广州吸纳技术合同成交额首次超过深圳，输出和吸纳技术合同成交额均居粤港澳大湾区首位，分别为 2089.1 亿元和 1633.1 亿元；澳门输出技术合同成交额仍然保持高速增长，增速达 395.0%，但吸纳技术合同成交额则仅以 0.4 亿元排在粤港澳大湾区各城市末位，负增长 96.3%；珠海虽输出技术合同成交额呈负增长，但吸纳技术合同成交额同比增长 181.3%。粤港澳大湾区输出到内地的技术合同为 38 350 项，成交额为 2988.0 亿元，占粤港澳大湾区输出技术合同成交额的 91.2%。整体来看，粤港澳大湾区吸纳技术明显优于输出技术，江门、惠州、肇庆等地还需进一步扩大技术优势，实现全面发展（表 4-8）。

表 4-8　2020 年粤港澳大湾区技术交易流向情况

地区	输出技术				吸纳技术			
	合同数 / 项	成交额 / 亿元	增长 /%	排名	合同数 / 项	成交额 / 亿元	增长 /%	排名
广州	22 436	2089.1	70.6	1	16 845	1633.1	82.4	1
深圳	11 797	1043.9	44.0	2	21 331	1631.5	8.3	2
东莞	242	54.7	-72.1	3	4048	544.7	28.9	3
珠海	385	32.7	-11.2	4	1650	158.1	181.3	5
佛山	2665	23.1	48.4	5	4514	78.9	32.4	6
香港	116	14.6	86.1	6	1107	237.8	37.7	4
中山	414	7.3	69.5	7	1029	14.4	-52.0	9
澳门	10	3.6	395.0	8	49	0.4	-96.3	11
江门	337	3.4	-33.1	9	1006	59.5	194.7	7
惠州	174	3.1	-31.5	10	915	31.2	66.5	8
肇庆	130	2.1	-26.0	11	509	11.9	3.7	10
合计	38 706	3277.7	47.4		53 003	4401.6	37.4	

八、境外地区

1. 国别构成

境外地区吸纳技术合同成交额是输出技术合同成交额的两倍以上。全年输出到境外的技术合同为 4121 项，成交额为 2192.2 亿元，为吸纳境外技术合同成交额的 2.4 倍，同比增长 15.5%，占全国技术合同总成交额的 7.8%；吸纳境外技术 2782 项，成交额为 930.5 亿元，同比增长 65.5%，占全国技术合同总成交额的 3.3%。技术进出口主要集中在欧洲、亚洲和北美洲，其中，向我国输出技术合同成交额居首位的是德国，输出技术合同 280 项，成交额为 235.7 亿元，同比增长 495.5%；向我国吸纳技术合同成交额居首位的是美国，吸纳技术合同 1023 项，成交额为 689.5 亿元，同比增长 21.4%。爱尔兰输出技术合同成交额增速最快，同比增长 599.3%；孟加拉国、约旦、尼日利亚和哥斯达黎加等亚非拉地区吸纳技术合同成交额呈大幅增长（表 4-9）。

表 4-9 2020 年境外地区技术交易流向情况

国家	输出技术			国家	吸纳技术		
	合同数 / 项	成交额 / 亿元	排名		合同数 / 项	成交额 / 亿元	排名
德国	280	235.7	1	美国	1023	689.5	1
日本	1008	200.0	2	孟加拉国	7	138.4	2
美国	476	138.0	3	约旦	4	108.5	3
瑞士	67	60.3	4	英国	115	101.3	4
瑞典	51	44.1	5	日本	937	87.0	5
比利时	49	40.1	6	尼日利亚	9	81.8	6
韩国	163	28.0	7	韩国	139	79.0	7
挪威	5	23.8	8	瑞典	19	69.8	8
意大利	60	15.4	9	新加坡	145	59.0	9
英国	117	14.5	10	阿联酋	29	52.9	10
法国	55	10.2	11	缅甸	5	51.4	11
开曼群岛	3	9.6	12	巴拿马	4	43.7	12
荷兰	31	9.0	13	印度尼西亚	68	38.6	13
奥地利	36	8.4	14	爱尔兰	34	38.5	14
捷克共和国	5	7.6	15	越南	188	36.5	15
加拿大	39	6.8	16	哥斯达黎加	1	31.9	16
新加坡	66	5.4	17	阿尔及利亚	1	30.7	17
爱尔兰	12	4.1	18	芬兰	14	30.5	18
印度	23	3.9	19	德国	143	28.0	19
丹麦	20	3.4	20	牙买加	2	26.3	20
其他国家	216	62.2		其他国家	1234	368.6	
合计	2782	930.5		合计	4121	2191.9	

2. 技术领域构成

跨国技术交易主要集中在先进制造、电子信息等技术领域。引进技术主要集中在先进制造领域，引进技术合同 1449 项，成交额为 522.4 亿元，同比增长 102.8%，占境外地区输出技术合同成交额的 54.2%；引进新材料及其应用，生物、医药和医疗器械，电子信息领域技术合同成交额分别占境外地区输出技术合同成交额的 13.3%、12.2% 和 9.2%。输出技术主要集中在电子信息领域，输出技术合同 2813 项，成交额 635.0 亿元，同比增长 28.0%，占境外地区吸纳技术合同成交额的 25.9%。我国引进和输出城市建设与社会发展领域的技术交易异常活跃，引进技术合同成交额增长 1085.8%，输出技术合同成交额增长 795.1%（表 4–10）。

表 4–10　2020 年境外地区技术交易领域构成

技术领域	输出技术				吸纳技术			
	合同数 / 项	成交额 / 亿元	增长 /%	占比 /%	合同数 / 项	成交额 / 亿元	增长 /%	占比 /%
先进制造	1449	522.4	102.8	54.2	747	452.1	0.5	18.4
新材料及其应用	277	127.7	26.5	13.3	210	22.1	37.5	0.9
生物、医药和医疗器械	284	117.9	410.6	12.2	671	300.5	88.4	12.2
电子信息	736	89.0	-16.5	9.2	2813	635.0	28.0	25.9
新能源与高效节能	151	49.7	144.1	5.2	360	263.9	23.1	10.8
航空航天	17	21.0	-44.4	2.2	56	43.5	-12.8	1.8
现代交通	70	12.4	150.8	1.3	221	107.1	48.1	4.4
城市建设与社会发展	60	10.3	1085.8	1.1	124	209.5	795.1	8.5
核应用	2	7.9	/	0.8	0	0	-100.0	0
农业	18	3.3	-56.5	0.3	80	18.7	155.1	0.8
环境保护与资源综合利用	33	2.3	-7.0	0.2	143	401.8	-1.8	16.3
合计	3097	963.8	71.5	100.0	5425	2454.1	29.3	100.0

3. 合同类别构成

技术转让和技术服务是我国向境外引进和输出技术合同的主要类别。我国引进境外技术以技术转让方式为主，技术转让合同 1535 项，成交额为 705.9 亿元，同比增长 146.6%，占境外输出技术合同成交额的 75.9%；引进境外技术合同中，技术服务为主要交易方式，技术服务合同 1350 项，成交额为 1095.1 亿元，同比增长 26.4%，占境外地区吸纳技术合同成交额的 50.0%。我国向境外输出的技术开发合同成交额较上年有所下降，成交额为 777.4 亿元，增幅为 -12.3%（表 4–11）。

表 4–11　2020 年境外地区技术交易合同类别构成

合同类别	输出技术				吸纳技术			
	合同数 / 项	成交额 / 亿元	增长 /%	占比 /%	合同数 / 项	成交额 / 亿元	增长 /%	占比 /%
技术开发	1027	191.9	-18.4	20.6	2227	777.4	-12.3	35.5
技术服务	185	30.4	-24.3	3.3	1350	1095.1	26.4	50.0
技术转让	1535	705.9	146.6	75.9	288	198.0	43.2	9.0
技术咨询	35	2.3	254.3	0.2	256	121.7	1859.8	5.5
合计	2782	930.5	65.5	100.0	4121	2192.2	15.5	100.0

九、“一带一路”地区

1. 国别构成

面向“一带一路”地区国家的技术输出逐年增长。全年输出到“一带一路”沿线共 50 个国家 963 项技术合同，成交额为 592.6 亿元，同比增长 29.0%。其中，主要输出国是孟加拉国，技术合同成交额为 138.4 亿元，占“一带一路”地区吸纳技术合同成交额的 23.4%；其次是约旦，技术合同成交额为 108.5 亿元，占“一带一路”地区吸纳技术合同成交额的 18.3%。除此之外，输出到阿联酋、缅甸、卡塔尔、埃及、匈牙利等国家的技术合同成交额增速在 1000% 以上，输出到俄罗斯、马来西亚、巴勒斯坦等国家的技术合同成交额出现负增长（表 4–12）。

表 4–12　2020 年“一带一路”地区吸纳技术情况

国家	合同数 / 项	成交额 / 亿元	增长 /%	占比 /%	排名
孟加拉国	7	138.4	112 997.4	23.4	1
约旦	4	108.5	13 416.0	18.3	2
新加坡	145	59.0	-7.6	9.9	3
阿联酋	29	52.9	1214.1	8.9	4
缅甸	5	51.4	2314.9	8.7	5
印度尼西亚	68	38.6	890.9	6.5	6
越南	188	36.5	114.1	6.2	7
俄罗斯	125	23.5	-71.6	4.0	8
马来西亚	47	18.6	-66.2	3.1	9
伊拉克	4	14.0	13.4	2.4	10
卡塔尔	3	8.4	8767.0	1.4	11
埃及	12	8.4	3181.4	1.4	12
巴勒斯坦	4	7.6	-82.7	1.3	13
沙特阿拉伯	16	6.0	-89.2	1.0	14
印度	114	4.0	-23.1	0.7	15
巴基斯坦	6	3.8	-89.8	0.6	16
菲律宾	10	3.4	97.0	0.6	17
匈牙利	5	1.5	1028.8	0.2	18
伊朗	5	1.4	-3.3	0.2	19
柬埔寨	6	0.9	-77.0	0.2	20
其他	160	5.7	/	1.0	
合计	963	592.6	29.0	100.0	

2. 技术领域构成

城市建设与社会发展引领“一带一路”国家技术交易。2020 年我国面向“一带一路”沿线国家输出城市建设与社会发展领域技术交易活跃，成交额为 185.0 亿元，居各技术领域之首，同比增长 1704.8%，占“一带一路”国家吸纳技术合同成交额的 32.1%；输出先进制造领域技术合同 270 项，居各类技术领域项数之首，成交额为 19.2 亿元；新材料及其应用领域技术合同成交额增幅较高，达到 215.4%（表 4–13）。

表 4–13　2020 年“一带一路”地区吸纳技术领域构成

技术领域	合同数 / 项	成交额 / 亿元	增长 /%	占比 /%	排名
城市建设与社会发展	22	185.0	1704.8	32.1	1
新能源与高效节能	215	172.8	57.1	30.0	2
环境保护与资源综合利用	56	117.8	-48.8	20.4	3
电子信息	205	48.1	12.9	8.3	4
现代交通	64	20.3	-37.1	3.5	5
先进制造	270	19.2	-30.2	3.3	6
农业	14	6.3	67.4	1.1	7
新材料及其应用	33	5.3	215.4	0.9	8
生物、医药和医疗器械	64	1.7	38.5	0.3	9
航空航天	3	0.1	61.7	0.1	10
合计	946	576.6	25.6	100.0	

3. 合同类别构成

技术服务是“一带一路”国家技术交易的主要方式。中国输出到“一带一路”地区沿线国家的技术服务合同为 436 项，成交额为 503.9 亿元，同比增长 49.4%，占“一带一路”地区技术吸纳合同成交额的比例为 85.0%；值得一提的是，技术咨询合同成交额较上年增长迅猛，为 36.4 亿元，增幅达 32 682.7%（表 4–14）。

表 4–14　2020 年“一带一路”地区吸纳技术合同类别构成

合同类别	合同数 / 项	成交额 / 亿元	增长 /%	占比 /%	排名
技术服务	436	503.9	49.4	85.0	1
技术开发	277	48.5	-58.2	8.2	2
技术咨询	192	36.4	32 682.7	6.1	3
技术转让	58	3.9	-34.5	0.7	4
合计	963	592.6	29.0	100.0	

第五部分 技术交易机构

一、技术（产权）交易机构

技术（产权）交易机构是以企业和产业需求为导向，整合创新要素和创新资源，提供技术孵化、技术转让、技术咨询、技术评估、技术投融资、技术产权交易、知识产权运营及技术信息平台等专业性和综合性服务的机构，是技术转移服务体系的重要组成部分。根据调查统计数据显示，全国31家主要技术（产权）交易机构共有从业人员1434人，2020年全年共促成技术交易5737项，成交额为491.3亿元，开展965次技术推广和交易活动，组织技术转移相关培训83 676人次。

1. 技术交易所

据对中国技术交易所有限公司、湖北技术交易所等19家技术交易所（中心）统计数据显示，2020年共促成技术交易3477项，成交额为210.8亿元。其中，中国技术交易所有限公司和湖北技术交易所促成的技术合同项目成交额分别为83.9亿元、60.7亿元，位居前二（表5-1）。

2. 技术产权交易所

据对北京产权交易所有限公司、西安技术产权交易有限公司等12家技术产权交易所（中心）统计数据显示，2020年共促成技术交易2260项，成交额为280.5亿元。其中，北京产权交易所有限公司的技术合同项目成交额为202.1亿元，位居第一（表5-1）。

表 5-1　2020 年全国重点技术（产权）交易机构情况

技术（产权）交易机构名称	成交技术合同项目 / 项	成交金额 / 亿元					开展技术推广和交易活动 / 次	组织培训人次 / 人	从业人员 / 人
		总金额	其中：促成战略性新兴产业技术成交金额	其中：促成公共财政投入计划项目成交金额	其中：促成国际技术转移项目成交金额	其中：促成重大技术转移项目成交金额			
中国技术交易所有限公司	155	83.9	81.8	82.3	0.0	80.5	145	7011	80
湖北技术交易所	1861	60.7	44.6	5.5	0.0	44.1	41	13 000	31
忻州市科学技术市场	102	14.9	0.2	0.0	0.0	14.7	0	50	4
潍坊高新技术产业开发区技术交易服务中心	212	14.4	13.8	0.1	11.1	12.7	7	1000	35
北京软件和信息服务交易所有限公司	98	10.4	0.0	0.0	0.0	0.0	20	10 110	66
北海技术市场	28	6.9	2.7	0.0	0.3	3.9	5	352	20
中国钢研科技集团公司市场部	111	4.6	1.1	3.5	0.0	0.0	5	0	28
北方技术交易市场	454	4.3	0.8	0.0	0.0	0.0	19	576	72
上海技术交易所	16	4.2	4.2	0.0	0.0	0.0	26	5	84
青岛市技术市场服务中心	183	3.7	3.4	0.0	1.4	1.1	231	238	11
西安技术市场	30	1.1	0.0	0.0	0.0	0.0	10	17	7
济宁市技术市场	51	0.6	0.2	0.3	0.0	0.1	20	236	11

续表

技术（产权）交易机构名称	成交技术合同项目 / 项	成交金额 / 亿元					开展技术推广和交易活动 / 次	组织培训人次 / 人	从业人员 / 人
		总金额	其中：促成战略性新兴产业技术成交金额	其中：促成公共财政投入计划项目成交金额	其中：促成国际技术转移项目成交金额	其中：促成重大技术转移项目成交金额			
新疆生产建设兵团常设技术市场	17	0.4	0.1	0.0	0.0	0.1	3	800	12
咸阳市技术市场	31	0.3	0.0	0.0	0.0	0.0	9	2	27
北京技术交易促进中心	83	0.2	0.2	0.0	0.0	0.0	6	30	50
广西壮族自治区技术市场	24	0.1	0.0	0.0	0.0	0.0	15	978	35
福州技术市场有限公司	17	0.0	0.0	0.0	0.0	0.0	4	2	11
西安科技大市场有限公司	4	0.0	0.0	0.0	0.0	0.0	3	10	20
深圳市南方国际技术交易市场有限公司	0	0	0	0	0	0	65	0	13
合计	3477.0	210.8	153.0	91.7	12.8	157.3	634	34 417	617
北京产权交易所有限公司	224	202.1	180.0	0.0	9.5	199.1	42	2870	244
西安技术产权交易有限公司	600	28.5	0.0	28.5	0.0	0.0	10	20	20
西南联合产权交易所有限责任公司	39	16.6	12.7	0.4	0.0	11.3	125	700	199
武汉光谷联合产权交易所	525	10.6	0.0	0.0	3.3	1.8	5	600	120
鲁南技术产权交易中心	372	9.8	0.8	0.5	2.8	5.6	84	42 700	18

续表

技术（产权）交易机构名称	成交技术合同项目 / 项	成交金额 / 亿元					开展技术推广和交易活动 / 次	组织培训人次 / 人	从业人员 / 人
		总金额	其中：促成战略性新兴产业技术成交金额	其中：促成公共财政投入计划项目成交金额	其中：促成国际技术转移项目成交金额	其中：促成重大技术转移项目成交金额			
青岛技术产权交易所有限责任公司	175	1.9	1.0	0.2	0.1	0.7	13	271	8
湖南省技术产权交易所	38	4.9	4.9	0.0	0.0	0.0	21	300	12
广州产权交易所广州技术产权交易中心	145	3.7	3.7	0.0	0.0	0.0	0	25	6
长春技术产权交易中心	97	1.7	1.5	0.0	0.0	0.2	17	1591	16
福建省高新技术产权交易所有限公司	4	0.4	0.3	0.0	0.0	0.3	8	180	17
哈尔滨国际技术产权交易中心	41	0.3	0.0	0.0	0.1	0.0	1	2	11
深圳联合产权交易所股份有限公司	0	0	0	0	0	0	5	0	146
合计	2260	280.5	204.8	29.5	15.8	219.1	331	49 259	817
总计	5737	491.3	357.8	121.3	28.7	376.4	965	83 676	1434

二、技术卖方机构

技术卖方机构数量逐年增加。2020 年全国科技管理部门认定登记的技术合同中共有卖方机构 65 983 家，比上年增加 14 882 家，成交额为 28 251.5 亿元，同比增长 26.1%。其中，企业法人性质卖方机构数量最多，共 60 274 家，占全部卖方机构数量的 91.3%，同比增长 30.0%；成交额为 25 828.8亿元，占全部卖方机构总成交额的 91.4%，同比增长 26.0%。高等院校、科研机构卖方机构数量为 2774 家，同比增长 13.9%；成交额为 1672.8 亿元，同比增长 18.3%（表 5-2）。截至 2020 年年底，全国累计技术合同卖方机构为 231 202 家。

表 5-2　2020 年各类技术交易卖方机构构成及交易情况

卖方类别		机构数 / 家	合同数 / 项	成交额 / 亿元
机关法人	国家级行政机关	58	298	15.4
	省级行政机关	16	21	4.2
	市级行政机关	44	297	13.5
	县级及以下行政机关	311	1544	196.2
	合计	429	2160	229.3
其他组织	单位分支机构	91	667	134.7
	其他国内组织	341	928	44.6
	其他外国组织	69	140	20.4
	合计	501	1735	199.8
企业法人	港澳台商投资企业	762	4196	570.5
	个体经营	1198	3326	94.3
	境外企业	1239	2693	877.8
	内资企业	55 644	364 242	22 555.8
	外商投资企业	1431	10 945	1730.4
	合计	60 274	385 402	25 828.8

续表

卖方类别		机构数 / 家	合同数 / 项	成交额 / 亿元
社团法人	国家民政机关批准	9	11	1.8
	区县民政机关批准	122	630	23.5
	省市民政机关批准	107	620	12.5
	合计	238	1261	37.9
事业法人	高等院校	1045	90 823	561.0
	科研机构	1729	53 091	1111.8
	其他	782	7236	181.7
	医疗、卫生	370	6169	44.5
	合计	3926	157 319	1899.0
自然人	外国籍	10	10	2.8
	中国籍	605	1466	54.0
	合计	615	1476	56.8
总计		65 983	549 353	28 251.5

内资企业规模居全国首位。各类企业性质卖方机构中，内资企业数量最多，共 55 644 家，占企业法人机构总数的 92.3%；港澳台商投资企业和外商投资企业分别为 762 家和 1431 家，共占企业法人机构总数的 3.6%；境外企业 1239 家，占企业法人机构总数的 2.1%。中国港湾工程有限责任公司、中铁二局集团有限公司、中国石化工程建设有限公司输出技术成交额居企业法人机构前三甲，成交额分别为 360.7 亿元、311.4 亿元和 276.8 亿元（表 5–3）。

表 5–3　2020 年企业输出技术成交额排名前 20 位

排名	卖方名称
1	中国港湾工程有限责任公司
2	中铁二局集团有限公司

续表

排名	卖方名称
3	中国石化工程建设有限公司
4	上汽通用汽车有限公司
5	中建一局
6	华为技术有限公司
7	北京城建集团有限责任公司
8	中铁电气化局集团有限公司
9	西安建工市政交通集团有限公司
10	中交路桥建设有限公司
11	广东华之源信息工程有限公司
12	中交隧道工程局有限公司
13	上海华为技术有限公司
14	中国建筑第四工程局有限公司
15	德国大众汽车公司
16	中国葛洲坝集团国际工程有限公司
17	北方国际合作股份有限公司
18	北京华为数字技术有限公司
19	中铁二十三局集团有限公司
20	中铁八局集团有限公司

科研机构数量明显增加。2020 年科研机构作为卖方参与技术交易的机构数量为 1729 家，较上年增加 194 家，成交额为 1111.8 亿元，同比增长 25.1%。中国电力工程顾问集团西北电力设计院有限公司、中铁第一勘察设计院集团有限公司、中国科学院上海药物研究所输出技术成交额居科研机构前三甲，成交额分别为 45.0 亿元、43.5 亿元和 42.9 亿元（表 5-4）。

表 5-4　2020 年科研机构输出技术成交额排名前 20 位

排名	卖方名称
1	中国电力工程顾问集团西北电力设计院有限公司
2	中铁第一勘察设计院集团有限公司
3	中国科学院上海药物研究所
4	天津市市政工程设计研究院
5	中国水电顾问集团西北勘测设计研究院
6	中国船舶重工集团公司第七〇一研究所
7	广东腐蚀科学与技术创新研究院
8	中国市政工程西北设计院
9	粤港澳大湾区精准医学研究院（广州）
10	广东智能无人系统研究院
11	中国建筑西北设计研究院有限公司
12	中国空间技术研究院
13	北京市建筑设计研究院
14	中国科学院力学研究所广东空天科技研究院
15	中国电子科技南湖研究院
16	网络通信与安全紫金山实验室
17	中联西北工程设计研究院有限公司
18	中国航发湖南动力机械研究所
19	中国电子科技集团公司第五十四研究所
20	西安热工研究院有限公司

高等院校贡献重要力量。2020 年共有 1045 所高等院校参与技术交易，较上年增加 134 所，成交额为 561.0 亿元。其中，“双一流”高校技术交易成效显著，排名前 20 位的高等院校中，除江苏大学外，其他均为“双一流”高校，共签订技术合同 22 753 项，成交额为 210.7 亿元，占全

国高等院校技术合同成交额的 37.6%。吉林大学、浙江大学、华中科技大学输出技术成交额居高等院校前三甲，成交额分别为 25.8 亿元、20.3 亿元和 19.4 亿元（表 5-5）。

表 5-5 2020 年高等院校输出技术成交额排名前 20 位

排名	卖方名称
1	吉林大学
2	浙江大学
3	华中科技大学
4	武汉大学
5	天津大学
6	东南大学
7	同济大学
8	武汉理工大学
9	上海交通大学
10	江苏大学
11	清华大学
12	华南理工大学
13	西安交通大学
14	南京大学
15	复旦大学
16	四川大学
17	中国药科大学
18	中国矿业大学
19	南京航空航天大学
20	中国地质大学（武汉）

三、技术买方机构

技术买方机构数量远高于技术卖方机构。2020 年经全国科技管理部门认定登记的技术合同中共有买方机构 237 425 家，比上年增加 17 512 家，是卖方机构的 3.6 倍。其中，企业法人性质买方机构数量最多，共 179 879 家，占全部买方机构数量的 75.8%，同比增长 11.1%，成交额为 22 767.4 亿元，占全部买方机构总成交额的 80.6%，同比增长 30.7%（表 5–6）。

表 5–6　2020 年各类技术交易买方机构构成及交易情况

买方类别		机构数 / 家	合同数 / 项	成交额 / 亿元
机关法人	国家级行政机关	1614	7044	406.4
	省级行政机关	2260	14 202	927.9
	市级行政机关	7563	19 033	930.7
	县级及以下行政机关	10 834	21 849	1289.9
	合计	22 271	62 128	3554.9
其他组织	单位分支机构	1197	2347	75.5
	其他国内组织	2164	3165	127.0
	其他外国组织	324	535	61.5
	合计	3685	6047	263.9
企业法人	港澳台商投资企业	2315	5187	646.0
	个体经营	7517	8653	143.4
	境外企业	7468	15 234	2935.8
	内资企业	158 433	361 101	17 677.6
	外商投资企业	4146	11 845	1364.7
	合计	179 879	402 020	22 767.4
社团法人	国家民政机关批准	203	428	2.7
	区县民政机关批准	514	646	15.0
	省市民政机关批准	564	970	25.0
	合计	1281	2044	42.8

续表

买方类别		机构数 / 家	合同数 / 项	成交额 / 亿元
事业法人	高等院校	4169	14 206	145.9
	科研机构	5314	27 071	411.6
	其他	13 721	25 357	927.7
	医疗、卫生	3751	6428	68.9
	合计	26 955	73 062	1554.0
自然人	外国籍	42	75	2.5
	中国籍	3312	3977	65.9
	合计	3354	4052	68.4
总计		237 425	549 353	28 251.5

技术买方中内资企业规模居全国首位。各类企业性质买方机构中，内资企业数量最多，共158 433家，占企业法人机构总数的88.1%；港澳台商投资企业和外商投资企业分别为2315家和4146家，共占企业法人机构总数的3.6%；境外企业7468家，占企业法人机构总数的4.2%；个体经营7517家，占企业法人机构总数的4.2%。华为技术有限公司、广州地铁集团有限公司、通用汽车控股有限公司吸纳技术成交额居企业法人机构前三甲，成交额分别为483.2亿元、317.4亿元和241.2亿元（表5-7）。

表5-7 2020年企业吸纳技术成交额排名前20位

排名	买方名称
1	华为技术有限公司
2	广州地铁集团有限公司
3	通用汽车控股有限公司
4	华为终端有限公司
5	华为机器有限公司
6	广西荔玉高速公路有限公司

续表

排名	买方名称
7	上汽大众汽车有限公司
8	中国葛洲坝集团股份有限公司
9	深圳市腾讯计算机系统有限公司
10	中铁十局集团有限公司
11	RPCL- NORINCO Intl Power Limited（RNPL）
12	上海先博生物科技有限公司
13	荣耀终端有限公司
14	Attarat Power Company
15	贵州中交玉石高速公路发展有限公司
16	北京华为数字技术有限公司
17	浙江天猫技术有限公司
18	北京市轨道交通建设管理有限公司
19	深圳市海思半导体有限公司
20	腾讯科技（深圳）有限公司

科研机构技吸纳技术成交额减少。2020 年科研机构作为买方参与技术交易的机构数量为 5314 家，较上年增加 74 家，成交额为 411.6 亿元，同比减少 18.2%。中国航发湖南动力机械研究所、中国商用飞机有限责任公司上海飞机设计研究院和西安空间无线电技术研究所吸纳技术成交额居科研机构前三甲，成交额分别为 19.7 亿元、16.8 亿元和 8.2 亿元（表 5-8）。

表 5–8 2020 年科研机构吸纳技术成交额排名前 20 位

排名	买方名称
1	中国航发湖南动力机械研究所
2	中国商用飞机有限责任公司上海飞机设计研究院
3	西安空间无线电技术研究所

续表

排名	买方名称
4	北京控制工程研究所
5	中国电子科技集团公司第三十八研究所
6	北京空间飞行器总体设计部
7	中国科学院微小卫星创新研究院
8	航天动力技术研究院
9	山东航天电子技术研究所
10	大连测控技术研究所
11	北京电子工程总体研究所
12	中国航天科工飞航技术研究院
13	上海卫星工程研究所
14	中国直升机设计研究所
15	中国电子科技集团公司第五十四研究所
16	中国科学院国家天文台
17	中国航空工业集团公司沈阳飞机设计研究所
18	中国空间技术研究院
19	中国兵器科学研究院
20	北京卫星信息工程研究所

高等院校积极吸纳优质技术。2020 年共有 4169 所高等院校签订技术吸纳合同，较上年增加 93 所，成交额为 145.9 亿元，同比增长 29.3%。排名前 20 位的高等院校共签订技术吸纳合同 779 项，成交额为 62.0 亿元，占全国高等院校技术合同成交额的 42.5%。广东石油化工学院、北京理工大学、吉林大学吸纳技术成交额居高等院校前三甲，成交额分别为 10.7 亿元、5.8 亿元和 4.5 亿元（表 5-9）。

表 5-9　2020 年高等院校吸纳技术成交额排名前 20 位

排名	买方名称
1	广东石油化工学院
2	北京理工大学
3	吉林大学
4	哈尔滨理工大学
5	西安科技大学
6	湖南大学
7	东北电力大学
8	吉林工商学院
9	空军航空大学
10	清华大学
11	内蒙古民族大学
12	河南农业职业学院
13	北京印刷学院
14	华中科技大学
15	吉林电子信息职业技术学院
16	同济大学
17	中国农业大学
18	国防科技大学
19	海军工程大学
20	长春师范大学

四、国家技术转移机构

国家技术转移机构是为实现和加速科学知识、技术成果、科技信息和科技能力等系统知识从技术供给方向技术需求方转移，提供技术经纪、技术集成、技术评价和技术投融资等服务的机构，是技术转移体系的重要组成。截至 2020 年年底，全国共有各类技术转移机构 425 家，其中，409 家机构反馈有效数据，全年促成技术转移项目 149 961 项，促成金额为 2006.0 亿元，比上年减少 13.2%。

1. 法人类型

425 家国家技术转移机构中，独立法人机构 289 家，占比为 68%。其中，市场化运作的企业法人机构为 164 家，占比为 38.6%；事业法人机构为 112 家，占比为 26.4%；社团法人机构 4 家，占比为 0.9%；民办非企业法人机构 9 家，占比为 2.1%。内设法人机构 136 家，占比为 32.0%，其中依托高校、科研院所的技术转移机构占八成以上（图 5-1）。

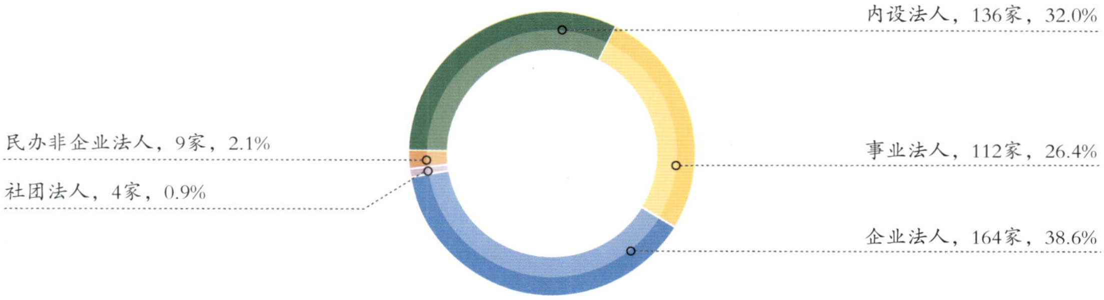

图 5-1　国家技术转移机构的法人类型结构

2. 机构类型

425 家国家技术转移机构中，按机构主体类型统计，依托高校的技术转移机构 133 家，依托科研院所的技术转移机构 113 家，政府部门所属的机构 78 家，独立第三方市场化运作的机构 72 家，技术（产权）交易机构 29 家。高校、科研院所技术转移机构数量占比达到 57.9%。在依托高校的国家技术转移机构中，64 家为依托国家“211 工程”大学的机构，如清华大学、北京大学、浙江大学、上海交通大学等；在依托科研院所的技术转移机构中，中国科学院技术转移机构 36 家，如中国科学院自动化研究所技术转移中心、中国科学院成都国家技术转移中心等；政府所属技术转移机构主要包括技术转移中心、科技成果转化中心、科技开发中心等（图 5-2）。

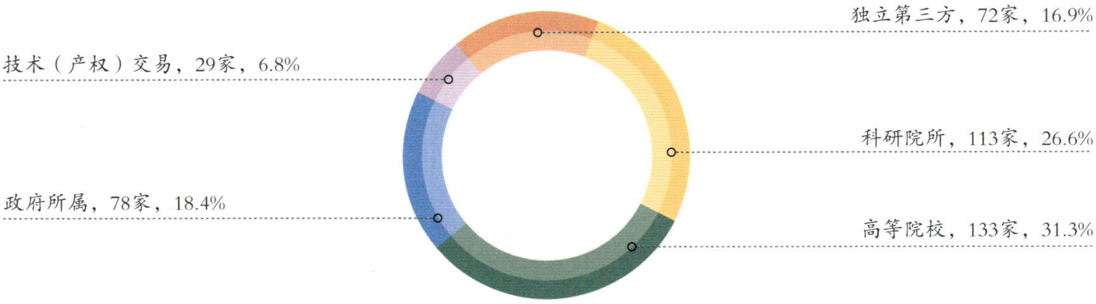

图 5-2　国家技术转移机构的机构类型结构

3. 地域分布

425 家技术转移机构分布在全国 28 个省（自治区、直辖市）（除海南、宁夏、西藏）、新疆生产建设兵团和 5 个计划单列市。其中，北京、江苏、上海创新资源最为丰富，技术转移最为活跃，机构数量分别为 54 家、45 家和 24 家，居全国前三。从地域分布看，东部地区机构数量为 241 家，占比为 56.7%；中部地区机构数量为 58 家，占比为 13.6%；西部地区机构数量为 89 家，占比为 20.9%；东北地区机构数量为 37 家，占比为 8.7%，整体分布情况与往年差异不大。其中，东部地区以其大学、科研机构数量多、研发能力强、技术交易活跃等优势，机构数量明显领先于中、西部地区和东北地区（图 5-3、图 5-4、附表 14）。

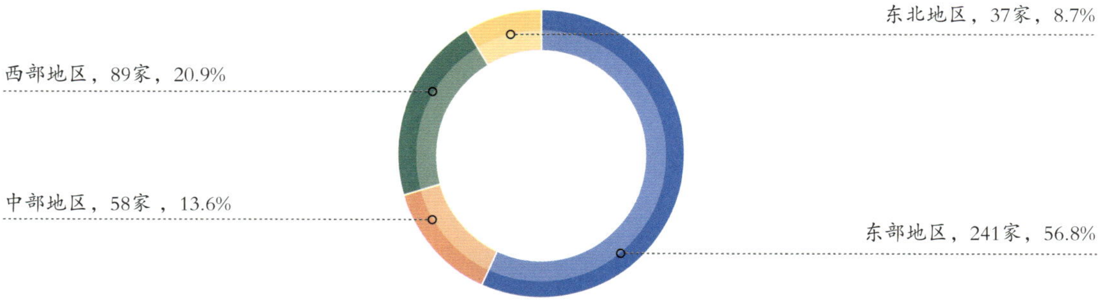

图 5-3　国家技术转移机构区域分布

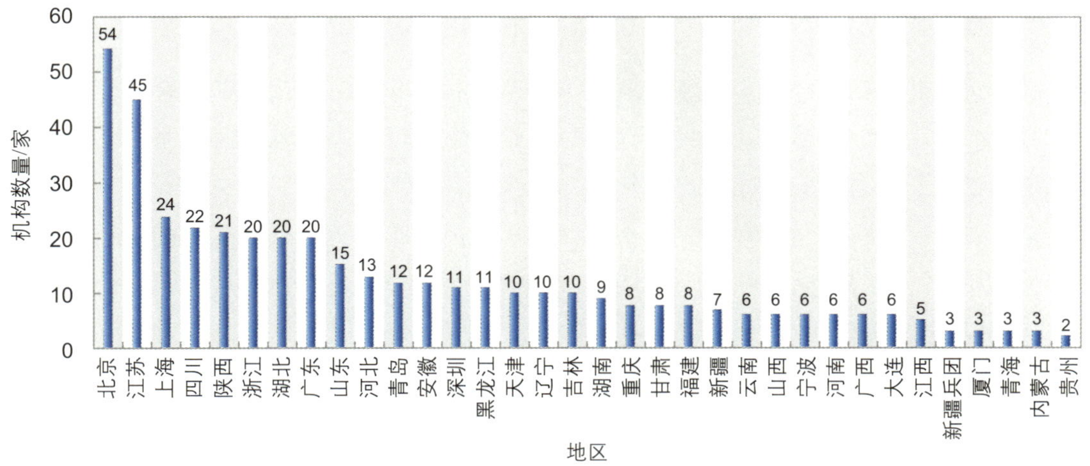

图 5-4 国家技术转移机构按省域分布

4. 人员构成

2020 年，409 家技术转移机构共有从业人员 62 183 人，比上年增长 39.9%。获得技术经纪人资格的有 4496 人，占总人数的 7.2%，比上年减少 0.6%；大学本科及以上人员有 47 466 人，占比为 76.3%，同比增长 29.3%；中级职称及以上人员有 35 413 人，占总人数的 56.9%，同比增长 42.8%（图 5-5）。

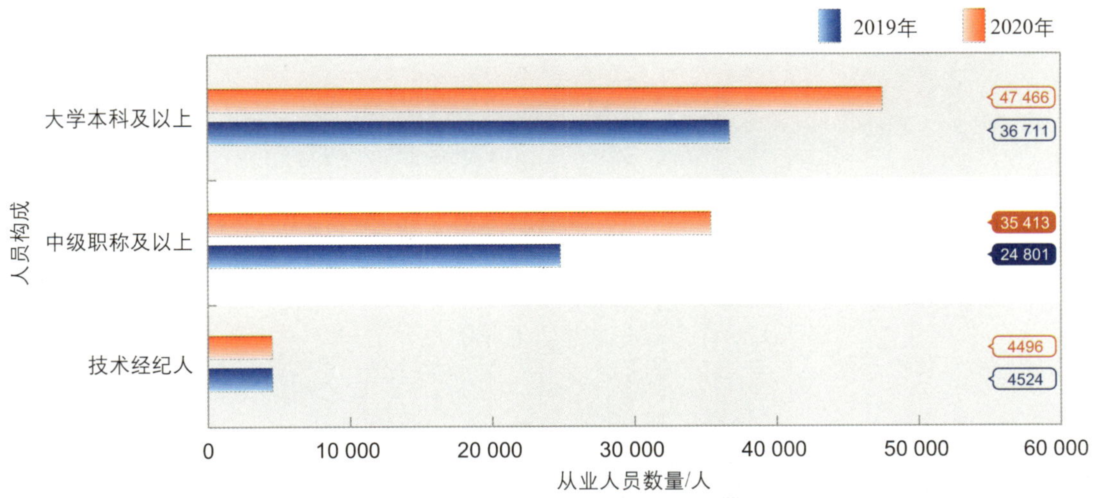

图 5-5 国家技术转移机构人员构成

5. 服务业绩

2020 年，409 家技术转移机构共促成技术转移项目 149 961 项，成交金额为 2006.0 亿元，比上年减少 13.2%。其中，促成战略性新兴产业技术转移项目 82 680 项，成交金额为 959.9 亿元，同比减少 10.8%；促成公共财政投入计划项目成果转移项目数量 22 035 项，成交金额为 297.1 亿元，同比减少 12.9%；促成重大技术转移项目（1000 万元以上）3191 项，成交金额为 644.3 亿元，同比增长 3.5%；促成国际技术转移项目 1951 项，成交金额为 63.8 亿元，同比减少 45.6%（图 5-6）。2020 年，409 家技术转移机构组织完成多种交易和培训活动，其中，组织技术交易活动 17 232 项次；组织技术转移培训 454 767 人次；服务企业 316 938 家；解决企业需求 213 637 次，当年获得专利授权 128 318 项，比上年增长 32.3%（表 5-10）。

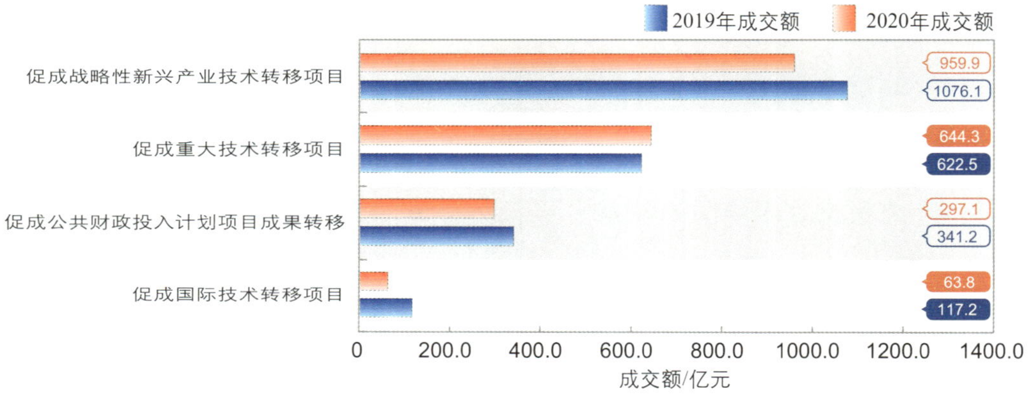

图 5-6　国家技术转移机构促成项目成交情况

表 5-10　国家技术转移机构服务情况

	数量		增长（%）
	2019 年	2020 年	
组织技术交易活动 / 项次	16 277	17 232	5.9
组织技术转移培训 / 人次	389 769	454 767	16.7
服务企业数量 / 家	434 292	316 938	-27.0
解决企业需求 / 次	188 708	213 637	13.2
获得专利授权 / 项	97 018	132 314	36.4

第六部分　附表

附表 1　2012—2020 年全国技术合同成交情况

	2012 年	2013 年	2014 年	2015 年	2016 年	2017 年	2018 年	2019 年	2020 年
合同数 / 项	282 242	294 929	297 037	307 132	320 437	367 586	411 985	484 077	549 353
成交总额 / 亿元	6437.07	7469.13	8577.18	9835.79	11 406.98	13 424.22	17 697.42	22 398.39	28 251.51

附表 2　2019—2020 年合同类型构成

合同类别	2019 年				2020 年			
	合同数 / 项	成交额			合同数 / 项	成交额		
		金额 / 亿元	增长 /%	占比 /%		金额 / 亿元	增长 /%	占比 /%
技术开发	198 105	7177.32	21.89	32.04	217 580	8874.08	23.65	31.41
技术转让	16 953	2188.88	35.98	9.77	23 243	2397.66	9.54	8.49
技术咨询	31 215	614.11	8.77	2.74	36 151	1104.56	79.86	3.91
技术服务	237 804	12 418.08	28.89	55.44	272 379	15 875.22	27.84	56.19
合计	484 077	22 398.39	26.56	100.00	549 353	28 251.51	26.13	100.00

附表 3　2020 年全国技术合同技术领域构成

技术领域	合同数		成交额		
	项数 / 项	增长 /%	金额 / 亿元	增长 /%	占比 /%
电子信息	191 574	2.06	6323.99	12.19	22.38
城市建设与社会发展	69 737	0.65	5503.33	30.83	19.48
先进制造	61 165	18.48	4194.94	42.12	14.85
生物、医药和医疗器械	45 972	16.48	1769.04	67.22	6.26

续表

技术领域	合同数		成交额		
	项数 / 项	增长 /%	金额 / 亿元	增长 /%	占比 /%
环境保护与资源综合利用	33 702	1.60	1845.80	13.69	6.53
新能源与高效节能	60 250	96.04	2854.37	1.45	10.10
农业	30 347	35.40	747.68	49.47	2.65
新材料及其应用	27 395	29.18	1220.06	40.06	4.32
现代交通	16 110	1.45	3255.98	56.72	11.52
航空航天	12 578	5.20	458.37	-15.17	1.62
核应用	523	-15.78	77.95	-34.62	0.28
合计	549 353	13.48	28 251.51	26.13	100.00

附表 4　2020 年重大技术合同构成

构成		合同数 / 项	成交额 / 亿元	占比 /%
合同类别	技术服务	12 367	13 431.02	58.91
	技术开发	10 200	6379.90	27.99
	技术转让	2055	2136.88	9.37
	技术咨询	1104	851.16	3.73
	合计	25 726	22 798.96	100.00
技术领域	城市建设与社会发展	3786	4909.18	21.53
	电子信息	6015	4531.86	19.88
	航空航天	531	301.12	1.32
	核应用	44	73.15	0.32
	环境保护与资源综合利用	1629	1536.57	6.74
	农业	1035	423.93	1.86
	生物、医药和医疗器械	1884	1335.83	5.86

续表

构成		合同数 / 项	成交额 / 亿元	占比 /%
技术领域	先进制造	4862	3349.31	14.69
	现代交通	1640	3059.86	13.42
	新材料及其应用	1815	878.07	3.85
	新能源与高效节能	2485	2400.08	10.53
	合计	25 726	22 798.96	100.00
知识产权	集成电路布图设计专有权	78	122.50	0.54
	技术秘密	4687	4414.63	19.36
	计算机软件著作权	1640	932.29	4.10
	设计著作权	206	121.91	0.53
	生物、医药新品种	288	233.02	1.02
	未涉及知识产权	15 440	13 552.60	59.44
	植物新品种	41	12.08	0.05
	专利	3346	3409.92	14.96
	合计	25 726	22 798.96	100.00

附表 5　2019—2020 年全国输出技术成交情况

卖方地区	合同数 / 项			成交额 / 亿元		
	2019 年	2020 年	增长 /%	2019 年	2020 年	增长 /%
北京	83 171	84 451	1.54	5695.28	6316.16	10.90
天津	13 885	9685	-30.25	909.25	1089.56	19.83
河北	7262	7468	2.84	381.19	554.96	45.59
山西	965	1059	9.74	109.52	44.98	-58.93
内蒙古	1201	1494	24.40	22.48	35.95	59.92
辽宁	16 578	17 301	4.36	557.59	632.81	13.49

续表

卖方地区	合同数 / 项			成交额 / 亿元		
	2019 年	2020 年	增长 /%	2019 年	2020 年	增长 /%
其中：沈阳	7302	8019	9.82	284.91	304.05	6.72
大连	7611	7582	-0.38	197.25	249.8	26.64
吉林	4548	5361	17.88	474.13	462.15	-2.53
其中：长春	3949	4772	20.84	464.54	451.61	-2.78
黑龙江	3793	5126	35.14	232.88	265.2	13.88
其中：哈尔滨	3332	3293	-1.17	203.55	212.99	4.64
上海	35 928	26 356	-26.64	1422.35	1583.22	11.31
江苏	49 210	56 916	15.66	1471.52	2087.85	41.88
其中：南京	28 509	26 206	-8.08	588.41	676.27	14.93
浙江	18 996	25 725	35.42	888.01	1403.32	58.03
其中：杭州	10 455	11 247	7.58	267.51	336.11	25.64
宁波	2966	3184	7.35	87.76	167.16	90.47
安徽	19 538	16 667	-14.69	449.61	659.57	46.70
福建	8642	10 753	24.43	139.59	163.54	17.16
其中：厦门	4759	5727	20.34	88.77	108.77	22.53
江西	2799	4084	45.91	148.61	233.41	57.06
山东	35 167	73 639	109.40	1110.02	1903.89	71.52
其中：济南	10 862	10 108	-6.94	269.48	331.43	22.99
青岛	7616	7547	-0.91	153.11	270.82	76.88
河南	9293	11 717	26.08	231.89	379.78	63.78
湖北	39 136	39 420	0.73	1429.84	1665.81	16.50
其中：武汉	24 793	23 552	-5.01	824.77	932.13	13.02
湖南	9023	11 741	30.12	490.69	735.95	49.98

续表

卖方地区	合同数 / 项			成交额 / 亿元		
	2019 年	2020 年	增长 /%	2019 年	2020 年	增长 /%
广东	33 321	39 485	18.50	2223.08	3267.21	46.97
其中：广州	20 183	22 436	11.16	1224.88	2089.09	70.55
深圳	10 476	11 797	12.61	724.74	1043.92	44.04
广西	2647	3404	28.60	77.56	91.67	18.19
海南	398	529	32.91	9.11	20.19	121.62
重庆	3760	3515	-6.52	56.65	117.79	107.93
四川	13 203	20 415	54.62	1211.95	1244.59	2.69
其中：成都	10 507	16 943	61.25	1152.40	1144.52	-0.68
贵州	2906	3437	18.27	227.18	249.11	9.65
云南	3324	3325	0.03	82.70	49.95	-39.60
陕西	52 999	52 035	-1.82	1467.35	1758.72	19.86
其中：西安	50 576	49 545	-2.04	1364.00	1648.56	20.86
甘肃	5921	7403	25.03	196.42	233.16	18.70
青海	836	1073	28.35	9.10	10.56	16.04
宁夏	1922	1864	-3.02	14.90	16.81	12.82
新疆	687	741	7.86	7.82	9.02	15.35
港澳台	292	315	7.88	86.49	33.28	-61.52
西藏	40	67	67.50	0.96	0.78	-18.75
国外	2686	2782	3.57	562.66	930.54	65.38
合计	484 077	549 353	13.48	22 398.39	28 251.51	26.13

附表 6　2019—2020 年全国吸纳技术成交情况

买方地区	合同数 / 项			成交额 / 亿元		
	2019 年	2020 年	增长 /%	2019 年	2020 年	增长 /%
北京	65 137	65 548	0.63	3223.78	3128.55	-2.95
天津	11 277	8466	-24.93	461.52	616.97	33.68
河北	11 324	12 070	6.59	583.58	706.68	21.09
山西	4661	5171	10.94	444.67	332.33	-25.26
内蒙古	5851	7346	25.55	179.46	251.13	39.94
辽宁	14 351	14 984	4.41	355.85	406.58	14.26
其中：沈阳	4678	4997	6.82	140.26	146.88	4.72
大连	6752	6599	-2.27	111.87	76.40	-31.71
吉林	5821	5565	-4.40	465.92	529.59	13.67
其中：长春	3923	4050	3.24	399.54	362.80	-9.20
黑龙江	4769	6135	28.64	116.14	189.92	63.53
其中：哈尔滨	2968	3463	16.68	76.06	114.53	50.58
上海	34 252	28 913	-15.59	880.69	1162.84	32.04
江苏	45 941	53 679	16.84	1767.37	2217.03	25.44
其中：南京	17 789	17 755	-0.19	576.90	594.82	3.11
浙江	25 302	31 592	24.86	1115.16	1568.61	40.66
其中：杭州	10 448	11 828	13.21	367.22	444.78	21.12
宁波	4399	4849	10.23	171.62	314.18	83.07
安徽	20 297	18 308	-9.80	610.01	737.91	20.97
福建	9719	11 886	22.30	420.14	513.72	22.27
其中：厦门	4029	4559	13.15	99.33	60.79	-38.80
江西	4388	5651	28.78	298.81	344.56	15.31
山东	32 920	67 270	104.34	1111.00	2048.50	84.38
其中：济南	7337	9558	30.27	312.69	513.98	64.37

续表

买方地区	合同数 / 项			成交额 / 亿元		
	2019 年	2020 年	增长 /%	2019 年	2020 年	增长 /%
青岛	5546	6303	13.65	199.67	325.39	62.96
河南	11 681	13 660	16.94	415.51	536.65	29.15
湖北	24 402	25 232	3.40	944.78	1403.46	48.55
其中：武汉	14 203	13 353	-5.98	514.02	788.89	53.47
湖南	9460	10 777	13.92	343.73	523.63	52.34
广东	52 503	56 009	6.68	3125.69	4306.27	37.77
其中：广州	15 473	16 845	8.87	895.53	1633.09	82.36
深圳	24 484	21 331	-12.88	1506.40	1631.51	8.31
广西	5256	6337	20.57	316.72	473.98	49.65
海南	1960	2211	12.81	71.05	79.83	12.36
重庆	6243	5673	-9.13	252.32	225.5	-10.63
四川	14 614	20 050	37.20	814.73	875.58	7.47
其中：成都	9324	13 006	39.49	501.58	520.99	3.87
贵州	5770	6062	5.06	398.92	556.12	39.41
云南	5701	6277	10.10	215.01	332.35	54.57
陕西	27 706	28 879	4.23	692.63	941.1	35.87
其中：西安	21 086	20 108	-4.64	501.85	661.59	31.83
甘肃	7255	8525	17.51	239.56	235.58	-1.66
青海	2189	2291	4.66	104.82	84.23	-19.64
宁夏	3140	3315	5.57	50.77	113.47	123.50
新疆	3797	4973	30.97	175.82	273.49	55.55
港澳台	1169	1304	11.55	192.01	261.97	36.44
西藏	703	1073	52.63	112.23	81.16	-27.68
国外	4518	4121	-8.79	1898.01	2192.18	15.50
合计	484 077	549 353	13.48	22 398.39	28 251.51	26.13

附表 7　2020 年全国技术合同知识产权构成

知识产权		合同数		成交额		
		项数 / 项	增长 /%	金额 / 亿元	增长 /%	占比 /%
技术秘密		93 654	6.71	5381.28	15.15	19.05
专利	合计	30 872	41.59	3790.38	22.83	13.42
	发明专利	20 027	39.33	2326.16	33.57	8.23
	实用新型专利	10 432	48.27	1427.42	7.81	5.05
	外观设计专利	413	4.82	36.80	81.28	0.13
计算机软件著作权		51 930	4.69	1481.85	23.20	5.25
植物新品种权		1438	-11.34	24.35	-6.67	0.09
集成电路布图设计专有权		841	21.36	134.04	169.26	0.47
生物、医药新品种权		3704	31.96	283.91	95.17	1.00
设计著作权		3554	12.04	157.96	52.22	0.56
未涉及知识产权		363 360	14.76	16 997.74	29.64	60.17
合计		549 353	13.48	28 251.51	26.13	100.00

附表 8　2012—2020 年各类技术合同平均每项成交额

合同类别	2012 年	2013 年	2014 年	2015 年	2016 年	2017 年	2018 年	2019 年	2020 年
技术开发 / 万元	175.52	180.16	197.99	198.60	234.19	280.21	326.36	362.30	407.85
技术转让 / 万元	860.89	918.41	909.81	1146.89	1280.57	838.59	1046.55	1291.14	1031.56
技术咨询 / 万元	46.10	59.86	87.52	78.41	191.57	168.03	189.29	196.73	305.54
技术服务 / 万元	300.15	353.59	394.38	471.25	433.98	411.29	517.03	522.20	582.84
单项合同平均成交额 / 万元	228.07	253.25	288.76	320.25	355.98	365.20	429.56	462.70	514.27

附表 9　2020 年各类卖方机构成交情况

卖方类别		合同数		成交额		
		项数 / 项	增长 /%	金额 / 亿元	增长 /%	占比 /%
机关法人		2160	34.75	229.29	70.17	0.81
事业法人	合计	157 319	0.33	1898.97	16.84	6.72
	科研机构	53 091	17.61	1111.79	35.49	3.94
	高等院校	90 823	-11.26	560.98	-5.39	1.99
	医疗、卫生	6169	41.98	44.49	-10.16	0.16
	其他	7236	45.86	181.71	12.01	0.64
社团法人		1261	48.88	37.85	243.16	0.13
企业法人	合计	385 402	19.77	25 828.81	26.03	91.42
	内资企业	364 242	20.96	22 555.83	25.46	79.84
	港澳台商投资企业	4196	-6.07	570.48	49.14	2.02
	外商投资企业	10 945	-4.33	1730.38	14.03	6.12
	个体经营	3326	42.20	94.31	40.40	0.33
	境外企业	2693	12.35	877.81	59.92	3.11
自然人		1476	26.80	56.82	35.77	0.20
其他组织		1735	-8.10	199.76	118.44	0.71
总计		549 353	13.48	28 251.51	26.13	100.00

附表 10　2020 年各类技术合同构成

合同类别		合同数		成交额		
		项数 / 项	增长 /%	金额 / 亿元	增长 /%	占比 /%
技术开发	合计	217 580	9.83	8874.08	23.64	31.41
	委托开发	201 940	8.31	7346.58	22.18	26.00
	合作开发	15 640	34.09	1527.50	31.19	5.41
技术转让	合计	23 243	37.10	2397.66	9.54	8.49
	技术秘密转让	7022	25.50	849.78	18.59	3.01
	专利实施许可转让	4654	44.44	815.73	114.07	2.89
	专利权转让	8546	50.25	457.11	-44.18	1.62
	专利申请权转让	569	32.02	16.21	-0.08	0.06
	计算机软件著作权转让	1152	25.90	76.56	-58.14	0.27
	集成电路布图设计专有权转让	72	132.26	3.41	360.14	0.01
	植物新品种权转让	753	3.72	9.75	-20.25	0.03
	生物、医药新品种权转让	260	1.56	75.04	35.25	0.27
	设计著作权转让	100	488.24	3.86	1329.58	0.01
	其他	115	59.72	90.22	1882.83	0.32
技术咨询		36 151	15.81	1104.56	79.86	3.91
技术服务	合计	272 379	14.54	15 875.22	27.84	56.19
	一般性技术服务	269 158	14.47	15 807.07	28.56	55.95
	技术中介	856	45.33	6.75	-61.10	0.02
	技术培训	2365	13.76	61.40	-41.67	0.22
	总计	549 353	13.48	28 251.51	26.13	100.00

附表 11　2020 年全国技术合同社会—经济目标构成

社会—经济目标	合同数		成交额		
	项数 / 项	增长 /%	成交额 / 亿元	增长 /%	占比 /%
地球和大气层的探索与利用	877	-19.32	12.63	-32.42	0.04
非定向研究	22 723	-12.45	1470.81	64.21	5.21
工商业发展	59 452	15.49	4223.9	35.33	14.95
国防	15 251	8.16	426.64	1.35	1.51
环境保护、生态建设及污染防治	30 059	9.70	1646.2	-0.35	5.83
基础设施以及城市和农村规划	29 374	8.04	4509.29	31.90	15.96
教育事业发展	12 652	-5.99	192.25	3.70	0.68
民用空间探测及开发	2172	17.98	65.08	3.45	0.23
能源生产、分配和合理利用	55 149	97.70	2581.37	14.47	9.14
农林牧渔业发展	29 899	32.14	717.82	29.82	2.54
其他民用目标	89 745	13.02	4366.22	12.63	15.45
社会发展和社会服务	171 363	3.52	6836.37	29.24	24.20
卫生事业发展	30 637	17.34	1202.94	85.51	4.26
合计	549 353	13.48	28 251.51	26.13	100.00

附表 12　2020 年全国技术合同计划项目构成

计划类别		合同数 / 项	成交额 / 亿元	占比 /%
国家科技计划	合计	9947	321.32	1.14
	高技术研究发展计划（863 计划）	274	10.25	0.04
	国际科技合作计划	35	2.38	0.01
	国际热核聚变实验堆（ITER）计划专项	9	1.60	0.01
	国家科技支撑计划	59	1.74	0.01

续表

计划类别		合同数 / 项	成交额 / 亿元	占比 /%
国家科技计划	国家科技重大专项	584	80.71	0.29
	国家农业科技成果转化资金	7	0.33	0.00
	国家软科学研究计划	4	0.01	0.00
	国家重点新产品计划	216	5.79	0.02
	火炬计划	295	4.97	0.02
	基础研究计划（973 计划）、国家重大科学研究计划	141	24.09	0.09
	科技富民强县专项行动计划	0	0	0
	科技惠民计划	17	1.43	0.01
	科技基础条件平台建设	21	0.44	0.00
	科技兴贸行动计划	0	0	0
	科技型中小企业技术创新基金	85	1.12	0.00
	科研院所技术开发研究专项资金	48	1.20	0.00
	星火计划	1	0.00	0.00
	自然科学基金	3534	25.12	0.09
	其他	4617	160.12	0.57
部门计划		7730	351.28	1.24
省（自治区、直辖市）及计划单列市计划		26 335	1922.17	6.80
地市县计划		28 877	1873.95	6.63
计划外		475 357	23 768.31	84.13
师市、院校计划		1107	14.48	0.05
合计		549 353	28 251.51	100.00

附表 13　2020 年全国技术合同买卖方成交情况

卖方类别	机关法人		企业法人		社团法人		事业法人		其他组织		自然人		合计	
买方类别	成交额 / 亿元	合同数 / 项	成交额 / 亿元	合同数 / 项	成交额 / 亿元	合同数 / 项	成交额 / 亿元	合同数 / 项	成交额 / 亿元	合同数 / 项	成交额 / 亿元	合同数 / 项	成交额 / 亿元	合同数 / 项
机关法人	89.8	1609	2863.80	39 236	24.41	426	544.40	20 432	17.34	247	15.19	178	3554.94	62 128
企业法人	137.05	416	21 422.75	297 293	11.70	719	1003.65	101 559	160.80	1101	31.47	932	22 767.42	402 020
自然人	0	0	60.46	2839	0.09	24	3.80	924	0.16	20	3.91	245	68.41	4052
其他组织	0.05	1	205.44	4019	0.70	11	40.71	1767	15.87	215	1.17	34	263.95	6047
事业法人	1.85	132	1241.53	40 649	0.51	65	304.91	32 021	1.42	113	3.81	82	1554.04	73 062
社团法人	0.54	2	34.82	1366	0.44	16	1.51	616	4.17	39	1.27	5	42.75	2044
合计	229.29	2160	25 828.81	385 402	37.85	1261	1898.97	157 319	199.76	1735	56.82	1476	28 251.51	549 353

附表 14　2020 年各类买方机构成交情况

买方类别		合同数		成交额		
		项数 / 项	增长 /%	金额 / 亿元	增长 /%	占比 /%
机关法人		62 128	9.19	3554.94	5.45	12.58
事业法人	合计	73 062	1.38	1554.04	23.80	5.50
	科研机构	27 071	-3.29	411.62	-18.21	1.46
	高等院校	14 206	-8.73	145.88	44.25	0.52
	医疗、卫生	6428	-7.14	68.86	84.81	0.24
	其他	25 357	17.43	927.67	51.17	3.28
社团法人		2044	-6.71	42.75	-34.06	0.15
企业法人	合计	402 020	17.03	22 767.42	30.70	80.59
	内资企业	361 101	17.83	17 677.55	26.14	62.57
	港澳台商投资企业	5187	31.95	646.01	48.95	2.29
	外商投资企业	11 845	3.18	1364.68	76.48	4.83
	个体经营	8653	13.45	143.38	91.35	0.51
	境外企业	15 234	8.59	2935.80	38.31	10.39
自然人		4052	24.22	68.41	-38.40	0.24
其他组织		6047	13.48	263.95	49.13	0.93
总计		549 353	24.22	28 251.51	26.13	100.00

附表 15　国家技术转移机构名单

省份	序号	机构名称
北京	1	北京技术交易促进中心
	2	北京矿冶科技集团有限公司
	3	中国技术供需在线平台 [华教联创（北京）科技有限公司]
	4	新医药北京市技术转移中心
	5	北京化工大学科学技术发展研究院
	6	中北国技（北京）科技有限公司
	7	北京理工大学技术转移中心
	8	中国纺织信息中心
	9	华北电力大学技术转移中心
	10	中国科学院过程工程所科技开发处
	11	科威国际技术转移有限公司
	12	北京中科前方科技发展有限公司
	13	中国航天系统工程有限公司
	14	中国农业大学技术转移中心
	15	北京北化大科技园有限公司
	16	北京大学医学部技术转移办公室
	17	中国科学院自动化研究所技术转移中心
	18	北京交通大学技术转移中心
	19	中国科学院理化技术研究所产业策划部
	20	北京北航先进工业技术研究院有限公司
	21	北京华国昆仑科技有限公司
	22	北京海外学人科技发展中心
	23	中国科学院北京国家技术转移中心
	24	中关村能源与安全科技园

续表

省份	序号	机构名称
北京	25	北京华清科创科技开发有限公司
	26	北京大学科技开发部
	27	中国钢研科技集团公司市场部
	28	北京中农博乐科技开发有限公司（中国农科院饲料所技术转移中心）
	29	中国科学院微电子研究所
	30	中国中医药科技开发交流中心
	31	北京科信必成医药科技发展有限公司
	32	清华大学国家技术转移中心
	33	中国科学院微生物研究所技术转移转化中心
	34	中国技术交易所有限公司
	35	中材集团科技开发中心有限公司
	36	化工行业生产力促进中心
	37	中国科学院计算技术研究所技术发展中心
	38	北京赛德兴创科技有限公司 (北大技转中心)
	39	北京机科国创轻量化科学研究院有限公司
	40	北京科技大学国际高技术中心
	41	中科合创（北京）科技成果评价中心
	42	超越科创投资（北京）有限公司
	43	中国兵器工业新技术推广研究所
	44	北京恒冠国际科技服务有限公司
	45	北京产权交易所有限公司
	46	北京科技大学设计研究院有限公司
	47	北京市农林科学院科技产业办公室
	48	先进制造北京技术转移中心（北京工大智源科技发展有限公司）

续表

省份	序号	机构名称
北京	49	全国农业科技成果转移服务中心（中国农业科学院技术转移中心）
	50	北京北林先进生态环保技术研究院有限公司
	51	中蔬种业科技（北京）有限公司
	52	北京华创阳光医药科技发展有限公司（中国医药科技成果转化中心）
	53	北京海淀中科计算技术转移中心
	54	北京软件和信息服务交易所有限公司
天津	1	天津化工研究设计院国家工业水处理技术研究推广中心
	2	国家粳稻工程技术研究中心
	3	天津国际生物医药联合研究院
	4	天津市天大银泰科技有限公司
	5	天津市科技创新发展中心
	6	天津大学技术转移中心
	7	天津泰普医药知识产权流转储备中心有限公司
	8	南开大学科学技术研究部
	9	高校科技创新成果转化中心
	10	天津市科学技术发展战略研究院
河北	1	河北农业大学技术转移中心
	2	河北工业大学技术转移中心
	3	河北省协同创新中心
	4	国欣棉花技术转移中心
	5	河北大学技术转移中心
	6	河北省科技成果转化服务中心
	7	河北工程大学科技开发中心
	8	秦皇岛燕山大学科技开发总公司

续表

省份	序号	机构名称
河北	9	中国科学院唐山高新研究与转化中心
	10	廊坊技术转移中心
	11	中科廊坊科技谷有限公司
	12	河北科技大学技术转移中心
	13	石家庄铁道大学技术转移中心
山西	1	太原科创生物技术公共服务平台有限公司
	2	太原技术转移促进中心
	3	山西省科协企业创新服务中心
	4	中国辐射防护研究院技术转化推广中心
	5	忻州市科学技术市场
	6	山西转型综改示范区成果转化促进服务中心
内蒙古	1	内蒙古真金种业科技有限公司
	2	通辽市常设科学技术转移中心
	3	包头稀土高新区技术转移中心
辽宁	1	沈阳工业大学风能技术研究所
	2	中国科学院金属研究所可视化热加工技术转移示范中心
	3	沈阳建筑大学技术转移中心
	4	辽宁工程技术大学技术转移中心
	5	煤科集团沈阳研究院有限公司技术转移中心
	6	中国科学院沈阳国家技术转移中心
	7	辽宁科技大学技术转移中心
	8	东北大学技术转移中心有限公司
	9	辽宁科技学院兴科中小企业服务中心
	10	沈阳化工研究院有限公司

续表

省份	序号	机构名称
吉林	1	长春技术产权交易中心
	2	中国科学院长春光机所精密仪器与装备研发中心
	3	中国科学院长春应用化学研究所技术转移转化中心
	4	中国科学院长春技术转移中心
	5	吉林省创新医药公共服务平台有限责任公司
	6	长春中俄科技园
	7	长春工业大学技术转移中心
	8	吉林大学工业技术研究总院
	9	吉林省科技开发交流中心
	10	长春市科技信息研究所
黑龙江	1	哈尔滨船大工程技术设计研究院
	2	哈尔滨理工大学科技园发展有限公司
	3	哈尔滨工业大学科学与工业技术研究院
	4	黑龙江省科技成果转化中心
	5	黑龙江省农垦科学院科技情报研究所
	6	黑龙江省农业科学院佳木斯分院
	7	哈尔滨国际技术产权交易中心
	8	黑龙江省润特科技有限公司
	9	黑龙江省对外科技合作中心
	10	大庆市科技专利成果转化中心
	11	中国科学院哈尔滨产业技术创新与育成中心
上海	1	上海电缆研究所有限公司
	2	同济大学技术转移中心
	3	华东理工大学国家技术转移中心

续表

省份	序号	机构名称
上海	4	上海理工技术转移有限公司
	5	东华大学现代纺织研究院
	6	上海船舶研究设计院
	7	上海交大技术转移中心
	8	复旦大学技术转移中心
	9	上海市科技创业中心（上海市火炬高技术产业开发中心、上海市高新技术成果转化服务中心）
	10	上海科威国际技术转移中心有限公司
	11	上海技术交易所
	12	上海化工研究院技术转移中心
	13	中国医药工业研究总院
	14	上海科技成果转化促进会
	15	上海市生物医药科技产业促进中心
	16	上海创新节能技术促进中心
	17	中国科学院上海国家技术转移中心
	18	上海盛知华知识产权服务有限公司
	19	上海科学技术交流中心
	20	上海电机系统节能工程技术研究中心
	21	上海电力大学技术转移中心
	22	上海得民颂信息科技发展有限公司
	23	上海交通大学先进产业技术研究院
	24	上海市知识产权服务中心
江苏	1	南京林业大学技术转移中心
	2	南京航空航天大学科技成果转化服务中心
	3	中国科学院南京高新技术研发及产业化中心

续表

省份	序号	机构名称
江苏	4	扬州国际技术转移中心有限公司
	5	江苏省对外科学技术交流中心
	6	中国科学院泰州应用技术研发及产业化中心
	7	江苏佰腾科技有限公司
	8	扬州大学技术转移中心
	9	南京工程学院技术转移中心
	10	江苏大学技术转移中心
	11	中国科学院常州先进制造技术研发与产业化中心
	12	中国矿业大学大学科技园有限责任公司
	13	APEC 技术转移中心
	14	浙江大学昆山创新中心
	15	常州大学技术转移中心
	16	江苏省农业科学院
	17	江苏师范大学技术转移中心
	18	南京邮电大学国家大学科技园
	19	中国矿业大学技术转移中心
	20	南京信息工程大学技术转移中心
	21	苏州大学技术转移中心
	22	江苏省高新技术创业服务中心
	23	南京理工大学技术转移中心
	24	盐城工学院技术转移中心
	25	南京东南大学技术转移中心有限公司
	26	浙江大学苏州工业技术研究院
	27	中国科学院扬州应用技术研发与产业化中心

续表

省份	序号	机构名称
江苏	28	南通大学技术转移中心
	29	南京市科技成果转化服务中心
	30	苏州市金桥科技服务有限公司
	31	南京大学技术转移中心
	32	昆山市工业技术研究院有限责任公司
	33	江南大学技术转移中心
	34	苏州中科院产业技术创新与育成中心
	35	常熟紫金知识产权服务有限公司
	36	江苏国际技术转移中心（江苏矽太信息科技有限公司）
	37	南京中医药大学技术转移中心
	38	南京农业大学技术转移中心
	39	南京工业大学技术转移中心
	40	河海大学技术转移中心
	41	江苏物联网研究发展中心
	42	南京师范大学技术转移中心
	43	江苏理工学院技术转移中心
	44	南通市通州区家纺产业发展服务中心
	45	江苏科技大学技术转移中心
浙江	1	杭州枫惠科技咨询有限公司
	2	湖州市南太湖科技创新中心
	3	浙江省科技评估和成果转化中心
	4	中国科学院湖州应用技术研究与产业化中心
	5	中纺院（浙江）技术研究院有限公司
	6	浙江理工大学科技服务中心

续表

省份	序号	机构名称
浙江	7	杭州高新技术成果产业化服务有限公司
	8	温州市科技合作交流中心
	9	杭州绿纽信息科技有限公司
	10	中国科学院台州应用技术研发与产业化中心
	11	杭州市生产力促进中心
	12	中国科学院嘉兴应用技术研究与转化中心
	13	浙江省科技交流和人才服务中心
	14	义乌市思特科技信息咨询有限公司
	15	浙江大学技术转移中心
	16	浙江长三角与欧洲波罗的海国际技术转移中心
	17	浙江火炬星火科技发展有限公司
	18	金华市科学技术开发中心
	19	杭州科畅科技咨询有限公司
	20	浙江天科高新技术发展有限公司
安徽	1	安徽农业大学技术转移中心
	2	中国科学院合肥技术创新工程院
	3	安徽省科技成果转化服务中心
	4	芜湖市产业创新中心
	5	安徽省新技术推广站
	6	安徽三祥技术咨询有限公司
	7	合肥市科技创新公共服务中心
	8	合肥工业大学技术转移中心
	9	蚌埠市科技情报所
	10	安徽祥源科技股份有限公司

续表

省份	序号	机构名称
安徽	11	合肥科技创新创业服务中心
	12	中国科学技术大学技术转移中心
福建	1	中国科学院海西育成中心
	2	福建省高新技术产权交易所有限公司
	3	福建省工研苑塑胶技术研发有限公司
	4	福州大学科学技术开发中心（福州大学科学技术开发部）
	5	福建农林大学海峡创业育成中心
	6	联合国南南合作网示范基地（福建省技术转移中心）
	7	福建省科学技术咨询服务中心
	8	福州技术市场有限公司
江西	1	江西省科技咨询服务中心
	2	南昌大学科技园发展有限公司
	3	国家日用及建筑陶瓷工程技术研究中心
	4	赣州市企业技术创新促进中心有限公司
	5	江西师大科技园发展有限公司
山东	1	山东百诺医药股份有限公司
	2	山东省科学院生产力促进中心（白俄罗斯国家科学院济南技术转移中心）
	3	兖矿水煤浆气化及煤化工国家工程研究中心有限公司
	4	山东建研科技发展有限公司
	5	山东力创科技股份有限公司
	6	光阳工程技术有限公司
	7	齐鲁工业大学技术转移中心
	8	济宁市技术市场
	9	鲁南技术产权交易中心

续表

省份	序号	机构名称
山东	10	山东省药学科学院
	11	济南市产学研协作管理服务中心
	12	山东大学技术转移中心
	13	中国科学院山东综合技术转化中心
	14	潍坊高新技术产业开发区技术交易服务中心
	15	山东省医学科学院药物研究所
河南	1	郑州市科学技术开发中心
	2	河南省中国科学院科技成果转移转化中心
	3	郑州高新区大学科技园发展有限公司
	4	洛阳大学科技园发展有限公司
	5	河南省 863 软件孵化器有限公司
	6	河南省科学技术信息研究院
湖北	1	湖北工业大学成果转化中心
	2	华中科技大学国家技术转移中心
	3	中钢集团武汉安全环保研究院有限公司安全环保技术推广中心
	4	武汉光谷联合产权交易所
	5	武汉光谷新药孵化公共服务平台有限公司
	6	湖北长大科技开发有限公司
	7	中国地质大学知识产权与技术转移中心
	8	湖北省机电研究设计院
	9	湖北航天化学技术研究所
	10	湖北君诚工程咨询有限公司
	11	武汉生物技术研究院
	12	武汉工程大学成果转化中心

续表

省份	序号	机构名称
湖北	13	湖北中科博策新材料研究院
	14	湖北技术交易所
	15	中国科学院湖北产业技术创新与育成中心
	16	三峡大学技术转移中心
	17	武汉科技成果转化服务中心
	18	武汉信息技术外包服务与研究中心
	19	武汉大学技术转移中心
	20	华中农业大学新农村建设研究院
湖南	1	湖南大学科技成果与知识产权管理办公室
	2	湖南湘潭大学生科技创业园有限公司
	3	中国科学院湖南技术转移中心
	4	株洲市技术转移促进中心
	5	中南大学技术转移中心
	6	阿凡提信息科技（湖南）股份有限公司
	7	湖南省技术产权交易所
	8	长沙新技术创业服务中心
	9	长沙技术产权交易所有限公司
广东	1	中国科学院广州生物医药与健康研究院
	2	广州产权交易所广州技术产权交易中心
	3	广东华中科技大学工业技术研究院
	4	华南理工大学工业技术研究总院
	5	中山市工业技术研究中心
	6	电子科技大学广东电子信息工程研究院
	7	广州现代产业技术研究院

续表

省份	序号	机构名称
广东	8	中山市北京理工大学研究院
	9	广东省自动化与信息技术转移中心
	10	广东省微生物研究所
	11	广州博士信息技术研究院有限公司
	12	东莞中国科学院云计算产业技术创新与育成中心
	13	中山康方生物医药有限公司
	14	广州中国科学院工业技术研究院
	15	中国科学院广州技术转移中心
	16	中国科学院广州能源研究所
	17	广东省农业技术转移与扩散中心
	18	东莞深圳清华大学研究院创新中心
	19	中山大学技术转移中心
	20	佛山中国科学院产业技术研究院
广西	1	广西壮族自治区技术市场
	2	中国科技开发院广西分院
	3	北海技术市场
	4	钦州市技术转移中心
	5	桂林电器科学研究院有限公司
	6	广西博士海意信息科技有限公司
重庆	1	重庆市科协科技服务中心
	2	中国科学院重庆绿色智能技术研究院
	3	重庆市农业科学院
	4	重庆科技检测中心
	5	重庆市科技信息中心

续表

省份	序号	机构名称
重庆	6	重庆市科学技术研究院重庆技术评估与转移服务中心
	7	重庆工业服务港投资管理有限公司
	8	重庆科技成果转化促进会
四川	1	海天水务集团股份公司技术转移中心
	2	西南科技大学科技园技术转移中心
	3	西南联合产权交易所有限责任公司
	4	自贡市技术转移中心
	5	成都西南交大科技园管理有限责任公司
	6	中国科学院成都技术转移中心
	7	四川省科协企业创新服务中心
	8	四川省自然资源科学研究院
	9	成都天河中西医科技保育有限公司
	10	四川西部医药技术转移中心
	11	四川省科学技术信息研究所
	12	四川农业大学新农村发展研究院
	13	四川省技术转移中心
	14	成都西南石油大学科技园发展有限公司
	15	电子科技大学科学技术发展研究院
	16	绵阳市农业科学研究院技术转移中心（绵阳农科院）
	17	成都科技服务集团有限公司
	18	四川省科技交流中心
	19	成都西南交大技术转移中心有限公司
	20	四川大学国家技术转移中心
	21	成都生产力促进中心

续表

省份	序号	机构名称
四川	22	四川中物技术有限责任公司
贵州	1	贵州大学科学技术研究院
	2	贵州元通科技发展有限公司
云南	1	云南技术转移中心暨上海—云南技术转移基地
	2	云南省大学科技园办公室
	3	云南省机械研究设计院
	4	亚太环保股份有限公司
	5	昆明理工大学技术转移中心
	6	云南大学技术转移中心
陕西	1	中国科学院水利部水土保持研究所
	2	西安中科光机投资控股有限公司
	3	长安大学科技产业发展中心
	4	宝鸡市科技创新交流服务中心
	5	西安高新技术企业协会
	6	中国重型机械研究院股份公司
	7	新兴能源科技有限公司
	8	杨凌示范区农村技术开发中心
	9	国家（杨凌）农业技术转移中心
	10	陕西功能食品工程中心有限公司
	11	西安科技大市场有限公司
	12	陕西工业技术研究院
	13	西安技术产权交易有限公司
	14	西安建筑科技大学技术转移中心
	15	中国杨凌农业知识产权信息中心

续表

省份	序号	机构名称
陕西	16	西安交通大学技术成果转移有限责任公司
	17	西安科技产业发展中心
	18	咸阳市技术市场
	19	陕西省技术转移中心
	20	西北工业技术研究院
	21	西安技术市场
甘肃	1	甘肃省知识产权事务中心
	2	甘肃省建材科研设计院
	3	甘肃省轻工研究院
	4	甘肃省农业科学院
	5	兰州交大科技成果转化有限公司
	6	兰州理工大学高新技术成果推广转化中心
	7	兰州大学科技园技术转移中心
	8	甘肃省科技发展促进中心
青海	1	西宁市科技创新促进中心
	2	青海省科学技术开发中心
	3	中国科学院青海盐湖研究所
新疆	1	新疆中亚科技信息生产力促进中心
	2	新疆农业科学院
	3	新疆民族药关键技术及工艺工程研究中心
	4	新疆申新科技合作基地有限公司
	5	新疆维吾尔自治区科技项目服务中心
	6	国家荒漠—绿洲生态建设工程技术研究中心
	7	新疆大学技术转移中心

续表

省份	序号	机构名称
新疆建设兵团	1	新疆石达赛特科技有限公司
	2	新疆生产建设兵团常设技术市场
	3	石河子科学技术开发交流中心
大连	1	大连大学科技园
	2	大连交通大学现代轨道交通研究院
	3	大连工业大学食品工程技术转移中心有限公司
	4	中国科学院大连化学物理研究所技术转移转化中心
	5	大连理工大学技术转移中心有限公司
	6	中昊（大连）化工研究设计院有限公司
青岛	1	青岛技术产权交易所有限责任公司
	2	青岛胶科邦信技术服务有限公司
	3	青岛市技术市场服务中心
	4	中国科学院青岛产业技术创新与育成中心
	5	中国海洋大学科学技术处
	6	青岛中天智诚科技服务平台有限公司
	7	青岛海大新星计算机工程中心
	8	青岛中石大科技创业有限公司
	9	青岛华慧泽知识产权代理有限公司
	10	山东科技大学科技园管理有限公司
	11	青岛连城创新技术开发服务有限责任公司
	12	青岛科大都市科技园集团有限公司
宁波	1	宁波表面工程研究中心
	2	宁波市鄞州德来特技术有限公司
	3	宁波市对外科技交流中心

续表

省份	序号	机构名称
宁波	4	中国兵器科学研究院宁波分院（中国兵器工业集团军民双向技术转移中心）
	5	宁波高新区浙达技术转移咨询有限公司(浙江大学宁波技术转移中心)
	6	中科院宁波材料所所地合作与技术转移办公室
厦门	1	厦门海峡科技创业促进有限公司
	2	中国科学院厦门产业技术创新与育成中心
	3	厦门科易网科技有限公司
深圳	1	深圳市华创科技创新成果产业转化中心
	2	清华大学深圳研究生院技术转移办公室
	3	深圳市对接平台科技发展有限公司
	4	深圳先进技术研究院工程中心
	5	深圳清华国际技术转移中心
	6	深圳市南山科技事务所
	7	深圳中科院知识产权投资有限公司
	8	深港产学研基地产业发展中心
	9	深圳联合产权交易所股份有限公司
	10	深圳大学技术转移中心
	11	深圳市南方国际技术交易市场有限公司

第七部分 大事记

3月4日　根据科技部党组第1次会议精神，国家科学技术奖励工作办公室承担的国家科技成果登记管理职责划转至科技部火炬中心。

3月12日　科技部火炬中心印发《国家技术转移专业人员能力等级培训大纲（试行）》，按照分级管理、分层培养原则，明确初级、中级技术经纪人、高级技术经理人3个能力等级的课程设置及要求。

4月9日　中共中央、国务院印发《关于构建更加完善的要素市场化配置体制机制的意见》，提出了土地、劳动力、资本、技术、数据五大要素市场，明确了技术要素市场发展的改革方向和重点任务。

5月13日　科技部、教育部印发《关于进一步推进高等学校专业化技术转移机构建设发展的实施意见》，强化高校科技成果转移转化能力建设，促进科技成果高水平创造和高效率转化。

5月19日　科技部等9部门印发《赋予科研人员职务科技成果所有权或长期使用权试点实施方案》，40家高等院校和科研机构纳入试点。

5月22日　科技部火炬中心印发《科技部火炬中心2020年促进技术市场发展及科技成果转化工作要点》的通知，分析了新时期技术市场与成果转化工作面临的新形势、新要求，提出了2020年的工作思路和重点任务。

5月28日　《中华人民共和国民法典》由中华人民共和国第十三届全国人大常委会第三次会议通过，自2021年1月1日起施行。

6月16日　科技部火炬中心印发《关于公布国家技术转移机构考核评价结果的通知》。2018年，45家国家技术转移机构考核结果为优秀（A），58家为不合格（D），其中6家连续两次不合格，取消国家技术转移机构资格。

7月15日　为完善国家技术转移人才培养体系，加强技术转移人才培养，科技部火炬中心公布第二批25家国家技术转移人才培养基地名单。截至2020年年底，全国共有国家技术转移人才培养基地36家。

8月23日　2020年科技成果直通车（湖北站）科技投疫专场在武汉举办。各国家技术转移中心共推荐科技成果540项，遴选路演项目9项，100余家企事业单位积极参与对接，助力湖北产业升级和经济高质量发展。

9月25日　2020年科技成果直通车（佛山站）智能制造专场在深圳证券交易所举办。中国科学院深圳先进技术研究院、中国科学院长春光学精密机械与物理研究所、华南高等研究院等60多家上市公司、科研院所、投融资机构进行了项目路演和洽谈对接。

9月28日　科技部火炬中心组织召开2020年国家技术转移区域中心建设协调会。全国11家区域中心负责人及其科技管理部门负责人参会。会议重点研讨了新时期技术要素市场发展的新形势、新特征，提出了区域中心转型发展的新要求。

10月13—14日　2020年全国技术合同认定登记和科技成果登记培训班在银川举办，首次涉及技术合同管理和科技成果登记工作。全国各省市技术市场管理部门工作人员、技术合同登记机构和科技成果登记机构160余人参加了培训。

10月17日　中华人民共和国第十三届全国人大常委会第二十二次会议通过《全国人民代表大会常务委员会关于修改〈中华人民共和国专利法〉的决定》，自2021年6月1日起施行。

10月20日　2020年科技成果直通车（北京站）人工智能专场成功举办。来自中国科学院等高校院所和企业的7项前沿优质科技项目进行了路演。“中国高新区科技金融信息服务平台”和“燧石星火”APP同步直播，对接线上5400多家股权投资机构。

10月27日　2020年科技成果直通车（北京站）生物医学工程专场成功举办。扫描光场显微镜技术、疑难危重心血管AI辅助诊治系统、基于新型高效胞外囊泡的肿瘤精准诊断技术等项目进行了现场路演。

10 月 29 日　2020 年科技成果直通车（上海站）生物医药专场成功举办。来自复旦大学、同济大学、上海大学和韩国成均馆大学的 9 个项目现场路演，来自高校院所、生物医药企业、投融资机构、高新园区、技术转移机构、创业团队的 100 余人现场参会，线上参会 600 余人。

11 月 17 日　2020 年科技成果直通车（扬州站）航空产业专场成功举办。现场路演科技成果 10 项，吸引了中国工程院等 10 余名院士、知名专家出席，来自高校院所、航空企业、科技服务机构、金融机构及江苏省科技镇长团的 100 余人参会。

11 月 3 日　2020 年科技成果直通车（吉林站）装备制造专场在长春举办。12 项来自浙江大学、浙江省农业科学院、中国科学院长春光学精密机械与物理研究所、吉林大学等具有较强产业化前景的科技成果现场路演。吉林省各市（州）、高校院所、企业、金融机构及科技服务机构等近 200 人参会。

11 月 25 日　2020 年科技成果直通车（大连站）人工智能专场成功举办。来自中国科学院沈阳分院、山东省科学院、东北大学、沈阳工业大学、沈阳工程学院、大连工业大学、大连大学等 18 个创新团队面向 200 余家企业进行了现场路演。

11 月 25 日　天津市人力资源社会保障局、天津市科技局联合印发《关于开展技术经纪专业职称评价工作的通知》，在工程技术系列中正式增设技术经纪专业职称。

11 月 30 日　四川省科学技术厅、人力资源社会保障厅联合印发《四川省自然科学研究人员职称申报评审基本条件》，新增技术经纪专业，旨在推进高层次科技人才队伍建设。

12 月 4 日　2020 年科技成果直通车（无锡站）物联网专场在苏南自创区无锡高新区举办。来自无锡硅动力、江苏省产研院集成电路专业所、中国科学院近代物理研究所、智能集成电路设计所、东南大学等一批重大成果转化项目进行了签约。

12 月 11 日　2019 年全国技术市场统计工作会在南昌召开。会议总结部署了技术市场与科技成果统计工作，研究修订《科技成果登记办法》，来自全国各省市技术市场管理部门负责人和统计人员共 120 余人参会。

12 月 16 日　2020 年科技成果直通车（河北站）在石家庄成功举办。来自京津等地高校院所、研发机构、企业生物医药领域的 7 项优质科技项目进行了现场路演，来自各地市科技局、高校院所、生物医药领域企业及研发机构的近 100 人参会。

12 月 24 日　北京市科委组织制定的《技术转移服务人员能力规范》正式发布，详细规定了技术转移人员基本要求、能力要求和从业守则等内容。

12 月 31 日　2020 年，全年共签订技术合同 549 353 项，成交额为 28 251.51 亿元，同比增长 13.5% 和 26.1%；全年共登记科技成果 76 521 项，产出各类知识产权 120 387 项，同比增长 11.6% 和 6.5%。技术合同成交额和科技成果登记总量均创历史新高。